Kohlhammer

Inklusive Schule

Herausgegeben von
Gottfried Biewer

Die Autorinnen, der Autor

Dr. Gottfried Biewer war von 2004 bis 2020 Professor für Sonder- und Heilpädagogik an der Universität Wien und danach Gastprofessor am Institut für Rehabilitationswissenschaften der Humboldt-Universität zu Berlin.

Dr. Gertraud Kremsner hat die Professur für Erziehungswissenschaften mit dem Schwerpunkt Pädagogische Professionalität im Kontext schulischer Heterogenität und Inklusion am Fachbereich 1 (Bildungswissenschaften) an der Universität Koblenz-Landau (Campus Koblenz).

Dr. Michelle Proyer ist Assistenzprofessorin (Tenure-Track-Professur) für Inklusive Pädagogik am Institut für Lehrer*innenbildung und dem Institut für Bildungswissenschaft an der Universität Wien.

Gottfried Biewer,
Gertraud Kremsner,
Michelle Proyer

Inklusive Schule – Handlungsfeld motorische und kognitive Entwicklung

Verlag W. Kohlhammer

Dieses Werk einschließlich aller seiner Teile ist urheberrechtlich geschützt. Jede Verwendung außerhalb der engen Grenzen des Urheberrechts ist ohne Zustimmung des Verlags unzulässig und strafbar. Das gilt insbesondere für Vervielfältigungen, Übersetzungen, Mikroverfilmungen und für die Einspeicherung und Verarbeitung in elektronischen Systemen.

Die Wiedergabe von Warenbezeichnungen, Handelsnamen und sonstigen Kennzeichen in diesem Buch berechtigt nicht zu der Annahme, dass diese von jedermann frei benutzt werden dürfen. Vielmehr kann es sich auch dann um eingetragene Warenzeichen oder sonstige geschützte Kennzeichen handeln, wenn sie nicht eigens als solche gekennzeichnet sind.

Es konnten nicht alle Rechtsinhaber von Abbildungen ermittelt werden. Sollte dem Verlag gegenüber der Nachweis der Rechtsinhaberschaft geführt werden, wird das branchenübliche Honorar nachträglich gezahlt.

Dieses Werk enthält Hinweise/Links zu externen Websites Dritter, auf deren Inhalt der Verlag keinen Einfluss hat und die der Haftung der jeweiligen Seitenanbieter oder -betreiber unterliegen. Zum Zeitpunkt der Verlinkung wurden die externen Websites auf mögliche Rechtsverstöße überprüft und dabei keine Rechtsverletzung festgestellt. Ohne konkrete Hinweise auf eine solche Rechtsverletzung ist eine permanente inhaltliche Kontrolle der verlinkten Seiten nicht zumutbar. Sollten jedoch Rechtsverletzungen bekannt werden, werden die betroffenen externen Links soweit möglich unverzüglich entfernt.

1. Auflage 2022

Alle Rechte vorbehalten
© W. Kohlhammer GmbH, Stuttgart
Gesamtherstellung: W. Kohlhammer GmbH, Stuttgart

Print:
ISBN 978-3-17-034741-0

E-Book-Formate:
pdf: ISBN 978-3-17-034742-7
epub: ISBN 978-3-17-034743-4

Inhaltsverzeichnis

Vorwort		**9**
1	**Einleitung**	**11**
2	**Grundlegende Begriffe und Systematiken sowie deren Kritik aus der Perspektive Inklusiver Pädagogik**	**20**
2.1	Begriffe der Vergangenheit	22
2.2	Beispiele für Begriffe mit medizinischen Wurzeln	27
2.2.1	Cerebrale Bewegungsstörungen	29
2.2.2	Progrediente Erkrankungen	30
2.2.3	Chromosomenabweichungen	32
2.2.4	Epilepsien	34
2.2.5	Autismus-Spektrum-Störung (ASS)	35
2.2.6	Zum pädagogischen Umgang mit medizinischen Diagnosen	37
2.3	Begriffe mit heilpädagogischen, sonderpädagogischen und integrationspädagogischen Wurzeln	39
2.3.1	Körperliche Behinderung als Förderschwerpunkt ›körperliche und motorische Entwicklung‹	42
2.3.2	Geistige Behinderung als Förderschwerpunkt ›geistige Entwicklung‹	43
2.3.3	Komplexe Behinderungen	44

2.3.4	Kritik der sonderpädagogischen Klassifikationen	45
2.4	Begrifflichkeiten auf der Basis der WHO-FIC	48
2.4.1	Die ICD als Klassifikation der Krankheiten	48
2.4.2	Die ICF-CY als universal einsetzbare Sprache	51
2.5	Von ›Musterkrüppelchen‹ und ›Menschen mit Lernschwierigkeiten‹: Begriffe der Selbstvertretungsbewegung behinderter Menschen und der Disability Studies	55
2.6	Zum Umgang Inklusiver Pädagogik mit vorhandenen Begriffen	60

3 Pädagogisches Handeln 66

3.1	Paradigmenwechsel: Von der Zuschreibung von Unvermögen zur Entdeckung von Ressourcen	67
3.2	Kinder und Jugendliche als Akteur:innen ihrer eigenen Entwicklung	72
3.3	Gestaltung inklusiver Lernumgebungen	80
3.3.1	Räumliche Gestaltung	82
3.3.2	Gestaltung des Unterrichts	88
3.3.3	Schüler:innenspezifische Adaptierung	92
3.3.4	Technische Möglichkeiten und Ausstattung	93
3.4	Methoden selbstorganisierten und selbstbestimmten Lernens im Kontext der motorischen und/oder kognitiven Entwicklung	96
3.4.1	Ein historischer Rückblick auf die Methodengeschichte des (selbstbestimmten) Lernens	96
3.4.2	Maria Montessori und ihre Rezeption für eine Grundlegung selbstbestimmten Lernens	99
3.4.3	Reformpädagogische Zugänge für inklusiven Unterricht	102

3.4.4	Selbstbestimmtes, selbstorganisiertes und selbstreguliertes Lernen im Fachunterricht der Sekundarstufe	104
3.4.5	Selbstbestimmung in Lernumgebungen	107
3.5	Pädagogische Förderung, individuelle Hilfen, therapeutische Intervention und pflegerische Tätigkeiten	108
3.5.1	Disziplinäre Grenzen und Herausforderungen: Inklusive Pädagogik, Therapie, Förderung und Pflege	110
3.5.2	Professionelle und strukturelle Bedarfe	114
3.6	(Leichte) Sprache und (Unterstützte) Kommunikation	115
3.6.1	Leichte Sprache	117
3.6.2	Unterstützte Kommunikation	123

4	**Strittige Fragen, ungelöste Probleme und mögliche zukünftige Entwicklungen**	**128**
4.1	Gesellschafts- bzw. bildungspolitische Diskurse	129
4.2	Orte der Beschulung	135
4.3	Leistungsbeurteilung im Kontext kognitiver und motorischer Entwicklung	140
4.4	Entwicklungsaufgaben für Schule und Unterricht	143
4.5	Ausblick: neue Strukturierungsansätze	147

5	**Literaturverzeichnis**	**153**

Vorwort

Die Aufgabe eines Studienbuches ist es, relevantes Wissen auszuwählen und strukturiert zu präsentieren. Es ist damit eine Hinführung zum wissenschaftlichen Eindringen in ein Fachgebiet und zu dessen Erschließung. Wenn der inhaltliche Bereich von kontroversen Diskussionen geprägt ist, so spiegeln sich diese auch im vorliegenden Buch wider.

Es hat länger gedauert als geplant, bis dieses Buch fertiggestellt werden konnte. Eine Ursache war auch die inhaltliche Schwierigkeit, dem Anspruch von Inklusion zu genügen, gleichzeitig aber spezialisiertes Wissen auszuwählen. Unter uns Autor:innen, die auf den Grundlagen des vorausgegangenen Bandes »Inklusive Schule und Vielfalt« aufbauen möchten, führte dies zu intensiven Diskussionen.

Wir versuchen, auf Nahtstellen gegenwärtiger Diskurse hinzuweisen, gleichzeitig aber auch eigene Antworten mit einzubringen. Das Buch sieht sich dem gesellschaftspolitischen Anspruch der Inklusion verpflichtet, versucht aber gleichzeitig, eine Brücke zwischen in Jahrzehnten und Jahrhunderten generiertem Wissen und auf die Zukunft gerichteten Aufgabenstellungen zu schlagen.

Wir haben vielen Personen für inhaltliche Hinweise und Diskussionen zu danken. Ein besonderer Dank gilt Básheba Metzner Rickards und Karolin Beyer für die kritischen Kommentare, das Korrekturlesen von Manuskriptteilen und auch viele sprachliche und inhaltliche Verbesserungsvorschläge.

Abschließend noch ein Hinweis zu formalen Angelegenheiten: Das vorausgegangene Buch (Inklusive Schule und Vielfalt) hat den Gender-Asterisk (*) verwendet. Wenn dies im vorliegenden Band nicht mehr erfolgt, so ist es die Konsequenz dessen, dass damit neue Ausschlüsse hergestellt werden können bezüglich der Barrierefreiheit gendersensibler Sprache. Wir als Autor:innen eines Bu-

Vorwort

ches, das auch die Problematik von Sprache in den Blick nimmt, sind weiterhin auf der Suche nach einer Form, die allen Ansprüchen gerecht wird.

Berlin, Koblenz und Wien im April 2022

Gottfried Biewer, Gertraud Kremsner und Michelle Proyer

1
Einleitung

Thematisiert wird in diesem Buch das Handlungsfeld motorische und kognitive Entwicklung. Damit stellt sich die Frage danach, was ein Handlungsfeld ist und wer in diesem handelt. Beim Blick auf weitere Publikationen, welche im inklusiven Kontext des pädagogischen Handlungsfelds zu finden sind, treten Begriffe wie Prävention, Unterricht oder neue Technologien in den Vordergrund (vgl. Hedderich et al. 2016, 8). Im vorliegenden Buch ist die Pädagogik zugunsten individueller und sozialer Entwicklung das Handlungsfeld. Das Handeln der Schüler:innen steht in Wechselwirkung zur Tätigkeit der Pädagog:innen, sodass der Begriff der Entwicklung nicht nur auf Schüler:innen, sondern auch auf Lehrer:innen abzielt. Zudem steht im Zentrum dieses Handlungsfeldes die motorische und die kognitive Entwicklung – allerdings verortet im Kontext ei-

1 Einleitung

ner Inklusiven Pädagogik. Diese wird verstanden als Bezeichnung für »Theorien zur Bildung, Erziehung und Entwicklung, die Etikettierungen und Klassifizierungen ablehnen, ihren Ausgang von den Rechten vulnerabler und marginalisierter Menschen nehmen, für deren Partizipation in allen Lebensbereichen plädieren und auf eine strukturelle Veränderung der regulären Institutionen zielen, um der Verschiedenheit der Voraussetzungen und Bedürfnisse aller Nutzer/innen gerecht zu werden« (Biewer 2017, 204).

Ausgehend von diesem Verständnis möchte die vorliegende Publikation eine Abkehr von kategorialen Ausrichtungen vornehmen und Barrieren des Lernens und der Entwicklung in diesem Kontext unter einer neuen Systematik angehen. Wo es möglich ist, verabschiedet sich das Buch daher von Begriffen, die aus Selbstvertreter:innenperspektive als diskriminierend empfunden werden. Aufgrund des derzeitigen Diskurses ist es (noch) unmöglich, gänzlich von der Benennung einzelner Personengruppen abzusehen. Dennoch betrachtet dieses Buch Inklusive Pädagogik als einen dem sonderpädagogischen Denken gegenüber veränderten Zugang, auch wenn es Inhalte anspricht, die über Jahrzehnte in Diskursen zu ›körperlicher‹, ›geistiger‹ oder ›schwerster‹ Behinderung angesiedelt waren. Es stellt also den Anspruch, abseits des Nachzeichnens der etymologischen Begriffsentwicklung einen Schritt weiterzugehen und neue Begriffe und Konzepte anzuregen und zu denken. Und obwohl das zweite Kapitel dieses Buches sich eingehend mit Begrifflichkeiten auseinandersetzt und diese in ihrer geschichtlichen Genese betrachtet, kommen die Autor:innen nicht umhin, einige Begriffsverwendungen gleich zu Beginn zu klären, um Missverständnissen vorzubeugen. Dies begründet sich u. a. darin, dass Menschen, die in ihrer motorischen und kognitiven Entwicklung beeinträchtigt sind, seit Jahrhunderten besonderen Ausschlüssen und Marginalisierungen ausgesetzt sind und dadurch im Handeln behindert werden. Behinderungen äußern sich in vielfältiger Weise – sowohl in potenziell stigmatisierenden Begriffen, mit denen Menschen in der Vergangenheit tituliert wurden, als auch in Bildungsgängen und Ausbildungsmöglichkeiten, die ihnen vorenthalten wurden und werden.

1 Einleitung

Für fachliche Darstellungen auf der Basis einer Inklusiven Pädagogik bezieht sich der Begriff der ›Behinderung‹ (engl.: disability) primär auf soziale Gegebenheiten und Faktoren, ›Beeinträchtigung‹ (engl.: impairment) hingegen eher auf individuelle körperliche und kognitive Aspekte. Diese Begriffsunterscheidung, die insbesondere in den Schriften sozialwissenschaftlich orientierter Vertreter:innen der Disability Studies (vgl. Barnes & Mercer 2003) zugrunde gelegt wurde, leitet auch die Darstellung in diesem Buch. Ergänzt wird sie um später entstandene differenziertere Sichtweisen auf sehr unterschiedliche Komponenten, wie anatomische und kognitive Strukturen und Handlungen des Menschen in seiner Umwelt. Differenzierten Darstellungen von Situationen, die Menschen behindern, versucht die ICF (Internationale Klassifikation der Funktionsfähigkeit, Behinderung und Gesundheit) zu begegnen, weshalb diese Klassifikation ebenfalls Bezugspunkt der Inhalte dieses Buchs ist.

Bezeichnend für den sich konstant wandelnden bzw. erweiternden Diskurs rund um Begrifflichkeiten sind auch Bestrebungen aus Gemeinschaften (communities) bzw. Selbstvertretungsbewegungen heraus, die Bezeichnungen für ihnen zugeschriebene Beeinträchtigungen selbst festzulegen. Ein rezentes Beispiel dafür ist die Einführung des Begriffs Neurodiversität (neurodiversity), welcher erstmals Ende der 1990er Jahre im angloamerikanischen Raum zur Anwendung kommt. Während der breit auslegbare Bedeutungshorizont – ausgehend von Autismus Spektrum und Dyslexie bis hin zu ›intellektuellen Behinderungen‹ wie Down Syndrom – dort seit den 2010er Jahren gehäuft in Publikationen diskutiert wird, steht die Auseinandersetzung im deutschsprachigen Diskurs noch am Anfang. Ausgehend von Armstrongs Eingrenzungsansatz wird klar, dass der Begriff über die Bezugnahme auf rein neurologisch bedingte Ursachen hinausgeht: »(T)he word (neurodiversity) includes an exploration of what have thus far been considered mental disorders of neurological origin but that may instead represent alternative forms of natural human differences« (2010, 8). In einer der vermuteten Quellen der Erstnennung – der Bachelorarbeit von Judy

1 Einleitung

Singer, selbst Mutter eines Kindes mit der Zuschreibung Asperger Syndrom – wird der Begriff sogar als neue politische Kategorie beschrieben: »The ›Neurologically Different‹ represent a new addtion to the familiar political categories of class/gender/race and will augment the insights of the social model of disability« (Singer 1999, 64 nach Armstrong 2010, 7).

Die Autor:innen sind sich bewusst, dass sie sich mit der Wahl von Begriffen in Problemlagen begeben, die Brahm Norwich (2008) als »identification dilemma« bezeichnet hat: Es ist nur schwer möglich, auf potentiell diskriminierende Begriffe zu verzichten und gleichzeitig Situationen zu benennen, die Hilfen und zusätzliche Unterstützung legitimieren. Womöglich ist die Ausgangslage noch komplizierter, als Norwich dies mit dem Begriff Dilemma nahelegt. Nach Boger (2019, 7) haben wir es mit einem Trilemma zu tun, wenn zwei Aussagen als richtig und zutreffend erkannt werden, dies aber zum Ausschluss einer dritten Aussage führt, die ebenfalls als zutreffend betrachtet wird. Der Begriff der »trilemmatischen Inklusion« (ebd.) zielt auf diese Problematik: Sich selbst als anders zu verstehen kann zum Begehren auf Teilhabe und damit zum Wunsch führen, nicht als anders wahrgenommen zu werden. Wer sich hingegen nicht als anders versteht, kann auch nicht seine:ihre Stimme erheben und die Anerkennung seiner:ihrer Andersheit einfordern. Wer sich wiederum als fundamental anders versteht und gegen die Entwertung der Andersheit kämpft, begehrt, als normal wahrgenommen zu werden (vgl. S. 7f.).

Ein Studienbuch, welches das Handlungsfeld von Pädagog:innen bezugnehmend auf die motorische und kognitive Entwicklung von Kindern und Jugendlichen im Blick hat, ist mit Dilemmata und Trilemmata konfrontiert. Es kann sie nicht aufheben, aber es sollte sich ihrer bewusst sein. Statt eine Theorie zu fundieren, kann dieses Buch eher Probleme benennen, die (Inklusive) Pädagogik erschweren oder verunmöglichen. Ein Studienbuch würde seine Aufgabe aber keineswegs erfüllen, würde es sich ausschließlich auf diese Anliegen beschränken. Vielmehr muss es, als Werk für Studierende und angehende Lehrkräfte, konkretes Wissen vermitteln, das die Wirklichkeit nicht nur problematisiert, sondern auch Lösungen bzw. zumindest Lösungsvorschläge für Probleme bereithält. Bei der Rezeption bereits bestehender Wissensbestände verfolgen die Autor:innen das Ziel, explizit pädagogische Implikationen herauszuarbeiten und im Sinne einer Inklusiven Pädagogik nutzbar zu machen, statt medizinisch implizierte Zuschreibungen zu reproduzieren.

Das Buch baut auf dem Band »Inklusive Schule und Vielfalt« (Biewer, Proyer & Kremsner 2019) auf und setzt voraus, dass dessen Inhalte bekannt sind. Davon ausgehend geht es Inklusiver Pädagogik nicht primär um die Erreichung extern gesetzter Normen durch den Abbau von Defiziten, sondern um ein pädagogisches (Selbst-)Verständnis von Kindern und Jugendlichen als Akteur:innen der eigenen Entwicklung. Dementsprechend bedarf die Umsetzung Inklusiver Pädagogik immer eines Zusammenspiels von institutionellen Strukturen und den darin handelnden Akteur:innen, insbesondere Lehrkräften. Inklusive Pädagogik fragt nach den Grundlagen des neuen Denkens und findet Berührungspunkte zu bekannten pädagogischen Theorien. In Auseinandersetzungen der Kritischen Pädagogik und der Tradition der sozialen Bewegungen behinderter Menschen (Selbstbestimmt Leben-Bewegung) sieht sie ebenso ihren Ausgangspunkt wie in pädagogischen Zugängen, welche kindliche Eigenaktivität als Basis für pädagogisches Handeln betrachten:

1. Kritische Pädagogik im Kontext der Agenda 2030 als theoretische Rahmung:
Eine Pädagogik für Menschen in benachteiligenden Lebenssituationen, die für deren Rechte Partei ergreift, hat jahrzehntelange Tradition in der Kritischen Pädagogik (vgl. Freire 1973; Giroux 2013), auf die internationale Konzepte zu inklusiver Bildung Bezug nehmen (UNESCO 2005; UNESCO 2009). Der Ansatz ist in globalem Rahmen aktueller denn je. Giroux, der sein Werk in der Tradition von Gramsci und Freire sieht, beantwortet im letzten Kapitel seines Buches die Frage, ob Kritische Pädagogik eine Zukunft habe (Giroux 2013): Er bejaht dies und seine Antworten

1 Einleitung

wirken in Teilen wie eine Vorwegnahme von Positionen, die die Vereinten Nationen einige Jahre später in der Agenda 2030 im vierten Ziel für nachhaltige Entwicklung (SDG 4) formulierten (UNESCO 2015). Der Ausgangspunkt in der Kritischen Pädagogik und der aktuellen globalen Reformagenda unterscheidet die theoretische Basis Inklusiver Pädagogik von vielen Ansätzen traditioneller Sonderpädagogik.

2. Die Selbstbestimmt Leben-Bewegung von Menschen mit Behinderungen als auf den Menschenrechten basierter politischer Zugang:

Es waren in den 1960er Jahren Menschen mit Behinderungen, die für ihre Rechte eintraten und sich nicht mehr länger als Objekte von Fürsorge betrachten lassen wollten. Ihre Aktivitäten begannen mit Hilfen bei der Wohnungssuche für Menschen mit körperlichen Beeinträchtigungen an der Universität Berkeley in Kalifornien. Daraus entstand ein »Center for Independent Living«, das vorwiegend Peer-Beratung durch behinderte Studierende anbot (Theunissen 2013, 86). In kurzer Zeit entstanden ähnliche Einrichtungen in anderen Städten, die ihre Aufgaben erweiterten und sich zu Zentren der (Selbst-)Vertretung von Interessen behinderter Menschen entwickelten. Diese in den USA entstandene soziale Bewegung artikulierte sich mit nur geringer Verzögerung und mit ähnlicher Schlagkraft auch in europäischen Ländern – so auch im deutschsprachigen Raum. Die Akteur:innen waren primär Menschen mit motorischen oder sensorischen Beeinträchtigungen. Menschen mit Lernschwierigkeiten, also Personen, die in ihrer kognitiven Entwicklung beeinträchtigt sind, wurden damals noch als ›geistig behindert‹ bezeichnet (zur Begriffsbestimmung siehe Biewer, Proyer & Kremsner 2019) und waren lange Zeit nicht vertreten. Obwohl bereits 1980 Wolfgang Tempfer, ein Mann mit Down Syndrom aus Österreich, vor einem UNO-Komitee anlässlich des ›Internationalen Jahres der Menschen mit Behinderung‹ auftrat und dadurch erstmalig Menschen mit Lernschwierigkeiten als für sich selbst eintretende Gruppe sichtbar wurden (vgl. Lebenshilfe

1981), sind nachhaltige Veränderungen für diese Personengruppe erst gegen Ende der 1980er-Jahre zu verzeichnen.

3. Schüler:innenzentrierung und Reformorientierung als Ausgangspunkt für Pädagogik und Didaktik:
Für den deutschsprachigen Raum kann das Jahr 1994 als Einschnitt und Wendung betrachtet werden: Mit dem Kongress »Selbstbestimmung« des deutschen Bundesverbandes Lebenshilfe wurde Selbstbestimmung zu einem zentralen Thema eines Universitätsfaches, das sich als ›Geistigbehindertenpädagogik‹ bezeichnete. Bereits der damalige Kongressband enthält einzelne, wenn auch wenige Beiträge, die sich dem Thema Schule widmeten (Bundesvereinigung Lebenshilfe für geistig Behinderte 1996). Selbstbestimmtes Lernen durch handlungsbezogenen Unterricht und Montessori-Pädagogik wurden auf dem Kongress der Lebenshilfe erstmals mit dem Konzept ›Selbstbestimmung‹ der Bewegung behinderter Menschen verknüpft. Zweifellos wurde hier auch konzeptionell Neuland beschritten. Gleichzeitig wurde aber auch die Verbindung zu einem breiten Bestand an Theorien zur Bildung, Erziehung und Entwicklung hergestellt.

Wenn wir uns mit Schule und Unterricht befassen, sehen wir eine Vielzahl von Entwürfen, die in sehr unterschiedlichen Kontexten entstanden sind. Es mangelt aber nach wie vor an Konzepten, die sich originär als inklusive Didaktik und/oder inklusive Fachdidaktik bezeichnen (vgl. Riegert & Musenberg 2015). Impulse für eine Didaktik mit heterogenen Gruppen kamen aus der europäischen Reformpädagogik des ersten Drittels des 20. Jahrhunderts. Zu nennen sind zudem amerikanische Entwürfe in der Nachfolge von John Deweys pragmatistischem Ansatz sowie Beschreibungen eines reformorientierten Unterrichts seit den 1970er Jahren in den deutschsprachigen Ländern. Weitere Anregungen brachten Ergebnisse der Lehr- und Lernforschung im Kontext der Instruktionspsychologie sowie neue Unterrichtskonzepte für Kinder mit Lernschwierigkeiten seit der Gründung entsprechender spezialisierter Schulen ab den 1960er Jahren. Aktuelle Entwicklungen ergeben sich

1 Einleitung

über den Ansatz des ›Universal Design‹ und des ›Universal Design for Learning‹. David Mitchell (2008) sondiert die verschiedenen Methoden des Unterrichts und fragt, was davon besonders gut im inklusiven Unterricht umsetzbar ist. Solche Zusammenstellungen und Bewertungen sind eher selten.

Die Thematik dieses Buches, sich mit der inklusiven Schule unter dem Aspekt des Handlungsfeldes der motorischen und kognitiven Entwicklung auseinanderzusetzen, steht vor der Aufgabe, sehr unterschiedliche Handlungskonzepte miteinander zu verknüpfen, die in jeweils eigenen Zusammenhängen entstanden. Eine Verbindung Kritischer Pädagogik mit Positionen der sozialen Bewegungen von Menschen mit Behinderung und dem Wissensbestand einer reformorientierten Pädagogik muss Inhalte zusammenführen und sinnvoll aufeinander beziehen, die bislang versprengt in unterschiedlichen Diskursen ein Eigenleben führten. Was dies bedeutet, kann an einem Beispiel veranschaulicht werden: Paulo Freire analysiert die Lebenssituation von Menschen unter den Bedingungen sozialer Randständigkeit und entwickelt daraus Methoden und Inhalte der Alphabetisierung von Slumbewohner:innen (vgl. Biewer 1998). Er bezeichnet die pädagogische Tätigkeit als kulturelle Handlung zur Erlangung von Freiheit (vgl. Freire 1972). Dieser Zugang einer Kritischen Pädagogik, die Erfassung der sozialen und individuellen Lebensbedingungen und die Erstellung dazu passender Methoden und Inhalte stellt auch für das Handlungsfeld motorische und kognitive Entwicklung eine passende Strategie dar. Wie dies konkret aussehen soll, bemühen sich die nachfolgenden Kapitel zu veranschaulichen.

Als Studienbuch, das gleichzeitig einführen wie auch vorhandenes Basiswissen präsentieren soll, steht es vor einem Dilemma: Die innovative Schulpraxis besteht erst fragmentarisch oder punktuell und ein vorhandenes Wissen ist nicht hinreichend unter der Perspektive der inklusiven Schule systematisiert. Auch dieses Buch ist damit Teil eines Implementierungs- und Konstituierungsprozesses der inklusiven Schule sowie ihrer Pädagogik und Didaktik.

Welche Perspektiven können diesen Konstituierungs- und Gestaltungsprozess leiten? Vielleicht wird Barrierefreiheit zu diesem durchgängigen und vielleicht auch wichtigsten Konzept von Schule und Unterricht im Kontext einer auf den Menschenrechten basierenden Inklusiven Pädagogik.

Fragen zur Diskussion

1. Warum ist das Handlungsfeld motorische und kognitive Entwicklung für die Inklusive Pädagogik interessant?
2. Welche Bedeutung kann die Selbstbezeichnung von Betroffenen für die Inklusive Pädagogik haben?
3. Warum ist die Entwicklung von inklusiver (Fach-)Didaktik ein so langsamer Prozess?
4. Warum ist es wichtig, Kategorisierungen von Personengruppen dezidiert abzulehnen? Und wieso werden sie in vorliegendem Werk trotzdem aufgenommen/reproduziert?

2

Grundlegende Begriffe und Systematiken sowie deren Kritik aus der Perspektive Inklusiver Pädagogik

Worum es geht
Dieses zweite Kapitel erläutert Bezeichnungen für die Bezugsgruppen im Handlungsfeld kognitive und motorische Entwicklung. Dabei skizziert es zunächst die Begriffsgeschichte, bevor auf aktuelle Termini in pädagogischen und insbesondere schulischen Kontexten eingegangen wird. Aus der Fülle möglicher somatischer Faktoren, welche die motorische und kognitive Entwicklung beeinträchtigen können, beschreibt das Kapitel einige besonders häufige Beispiele anhand von Darstellungen der ein-

> schlägigen, überwiegend medizinischen und psychologischen bzw. von diesen Disziplinen allzu oft geprägten (sonder-)pädagogischen Literatur. Auch in heute verwendeten Begriffen spiegelt sich eine Entwicklung wider, die vom medizinischen Modell von Behinderung ausgeht, tendenziell in traditionellen Ansätzen einer Heil- und Sonderpädagogik vertreten ist und über das soziale Modell von Behinderung der Disability Studies bis hin zum menschenrechtlich orientierten Zugang Inklusiver Pädagogik reicht.

Wenn mit einem Begriff ein Gegenstand oder Sachverhalt benannt wird, der diesen von anderen unterscheidet, können wir von Klassifizierungen sprechen. Es sind alltägliche Vorgänge, die uns helfen, einzelne Merkmale zu Gruppen zusammenzufassen. Ohne Klassifizierungen ist es nicht möglich, unseren Alltag zu gestalten. Wenn Banane, Apfel, Birne und Pflaume als Obst bezeichnet werden, ist dies eine Klassifizierung, die wir im Alltag durchführen und die vermutlich kaum auf Kritik stoßen wird. Im Wissenschaftsbereich sind Klassifizierungen oder Kategorisierungen Teil normierter Begriffssysteme, die Aussagen über ihren Gegenstandsbereich ermöglichen. Sie vereinfachen die Kommunikation, da komplexe Sachverhalte nicht immer wieder aufs Neue erklärt werden müssen, sondern an einem gemeinsamen fachlichen Wissen angeknüpft und darauf Bezug genommen wird.

Wissenschaft benötigt Begriffe, um diejenigen Inhalte zu benennen, über die sie Aussagen trifft. Diese sind zumindest innerhalb der Sozialwissenschaften in den seltensten Fällen einheitlich und werden mitunter vehement diskutiert. Klassifizierungen im Kontext von Bildung und Erziehung bewegen sich in hochkomplexen Strukturen, die unterschiedliche Deutungen zulassen. Dazu gehören auch Klassifizierungen von Beeinträchtigungen motorischer und kognitiver Entwicklungen, die aber auch eine Hilfe für professionelles Handeln darstellen können. Leider werden aber auch Personen oder gar Personengruppen auf der Grundlage bestimmter Zuschreibungen klassifiziert. Diesen Umstand versucht die Inklusive Pädagogik zu kritisieren, während sie, wie auch in diesem Buch ersichtlich, mitunter selbst nicht umhinkommt, diese Klassifizierungen zu benutzen und damit sicherlich ein Stück weit auch zu reproduzieren. Die Wahl der benutzten Termini kann zu Problemen führen, insbesondere wenn es sich um komplexe und strittige Sachverhalte oder gar um Bezeichnungen für Personen(-gruppen) handelt und Termini aus unterschiedlichen Begriffssystemen gewählt werden können. Demnach sind gewählte Begriffe sorgsam zu reflektieren und beständiger Kritik zu unterziehen.

2.1 Begriffe der Vergangenheit

Die motorische und kognitive Entwicklung von Kindern kann durch somatische Beeinträchtigungen erschwert sein. Hierfür wurden seit den ersten Beschreibungen der Phänomene unterschiedliche Begriffe verwendet, die später stigmatisierende Funktionen erlangten und teilweise immer noch im (alltagssprachlichen) Gebrauch sind. Daher lohnt sich ein Blick zunächst auf die Genese von Begriffen.

Im 19. Jahrhundert wurden Begriffe wie ›Idioten‹ oder ›Krüppel‹ verwendet, die heute nur noch als Schimpfwörter zu finden sind – und zwar sowohl in der Alltagssprache als auch in damaligen Fachveröffentlichungen, beispielsweise in der Medizin. Sierck (1987) skizziert die Zugänge zu bzw. Haltungen gegenüber so bezeichneten Personen(-gruppen) im Verlauf der Geschichte folgendermaßen: Er sieht ›Krüppel‹ als denjenigen Begriff an, der anfangs Verwendung für alle Gruppen behinderter Menschen fand. Das (frühe) Christentum betrachtete ›Krüppel‹ als leidende Brüder bzw. Schwestern, die aus Mitleid versorgt werden müssten – gipfelnd in der regen Gabe von Almosen, um sich von eigenen Sünden freizukaufen. Diese Praktiken werden gegenwärtig auch im globalen Kontext (z. B. religiös geprägt) verhandelt und beeinflussen die Ausgestaltung u. a. der Bildungsangebote für behinderte Menschen mit.

Mit dem Ende der frühen Neuzeit wandelte sich dieses Bild, und ›Krüppel‹ wurden im christlich geprägten Raum als ›Wesen fremder Welten‹ auf dem Scheiterhaufen verbrannt, weil bei ihnen – übrigens Martin Luther folgend – die Hand des Teufels »die Taubheit, die Stummheit, die Lahmheit und das Fieber« (Sierck 1987, o. S.) verursache. In den folgenden Dekaden und Jahrhunderten überlebten ›Krüppel‹ vorwiegend durch Almosen und Bettelei, aber auch dadurch, dass sie z. b. im Zirkus oder am Hof zur Schau gestellt wurden (vgl. ebd.).

Mit der Aufklärung wandelte sich das Interesse an der bislang breit gefassten und kaum ausdifferenzierten Personengruppe der ›Krüppel‹: Bedingt wurde dies einerseits durch die sich langsam, aber stetig entwickelnden Fortschritte in der Medizin, insbesondere durch die Entstehung der Orthopädie. Mit den langen Aufenthaltszeiten der Kinder in den orthopädischen Kliniken entstanden erste Versuche, strukturierte Bildungsprozesse auch dort anzubieten (vgl. Möckel 2007). Schulen, die im Kontext von Beeinträchtigungen der motorischen Entwicklung Relevanz besitzen, fanden sich im deutschsprachigen Raum ab dem frühen 19. Jahrhundert als ›Krüppelschulen‹, die räumlich an orthopädische Anstalten angebunden waren. Der Fokus in diesen Einrichtungen lag auf der medizinischen Behandlung der Schüler:innen insbesondere mit Geräten und Hilfsmitteln (vgl. ebd.). Der Begriff ›Krüppel‹ wurde nunmehr vorwiegend für jene Personen gebraucht, die in ihrer motorischen Entwicklung behindert wurden; er fand bis weit ins 20. Jahrhundert hinein Verwendung. Andererseits ist jedoch auf die mit der Industrialisierung einhergehenden gesellschaftlichen Verschiebungen hinzuweisen, die insbesondere auf die wirtschaftliche ›Verwertbarkeit‹ von Menschen abzielen. Bezogen auf den Kontext Schule lässt sich hier etwa feststellen, dass »die im 17. und 18. Jahrhundert erfolgende Transformation der Elementarschulen einen Prozess dar [stellt], in dessen Rahmen über eine Modifizierung der schulinhärenten Strukturen und Praktiken gesunde, ausnutzbare Körper hervorgebracht werden sollen, die für die entstehende kapitalistische Ökonomie der Frühmoderne verwertbar sind« (Buchner 2018, 62).

Der Begriff der körperlichen Behinderung wurde als positiv konnotierte Bezeichnung in den 1920er Jahren eingeführt. Eine terminologische Neuorientierung wurde nötig, weil es bereits zu Beginn des 20. Jahrhunderts bei Eltern und betroffenen Menschen ein breites Unbehagen mit dem Begriff ›Krüppel‹ gab, der sowohl in Gesetzestexten als auch in der Bezeichnung von Institutionen weit verbreitet war (vgl. Wilken 1983).

Schulen, die Behinderungen im Bereich der kognitiven Entwicklung fokussieren, etablieren sich ebenfalls ab der ersten Hälfte des 19. Jahrhunderts; die dieser Personengruppe zugeordneten Menschen wurden als ›Kretine‹, ›Blödsinnige‹ oder ›Idioten‹ bezeichnet (vgl. Gstach 2016). Ab dem Ende des 19. Jahrhunderts entwickelte Kraepelin (1916) das weit verbreitete Modell der »Allgemeinen psychischen Entwicklungshemmungen (Oligophrenien)«, mittels dem die zuvor üblichen Bezeichnungen ›Schwachsinn‹, ›Blödsinn‹ und ›Kretinismus‹ durch den Übergriff ›Oligophrenie‹ abgelöst werden. Das Kraepelin-Modell wurde im Weiteren mit den 1905 von Binet-Simon beschriebenen kindlichen Entwicklungsstufen verknüpft, sodass letztlich drei Formen der ›Oligophrenien‹ unterschieden wurden (vgl. 273–297):

- *Idiotie* wurde mit der kindlichen Entwicklung vom Ende des 1. bis zum 6. Lebensjahr gleichgesetzt.
- *Imbezillität* wurde mit der kindlichen Entwicklung vom Ende des 6. Lebensjahres bis zum Beginn des 14. Lebensjahres verglichen.
- *Debilität* entspricht diesem Modell zufolge der Entwicklung vom beginnenden 14. bis zum vollendeten 18. Lebensjahr. (vgl. 281f.)

Dieses Modell hat sich rasant und großflächig verbreitet, Anlehnungen daran – sowohl begrifflicher Natur wie auch in der fälschlicherweise vorgenommenen Verschränkung kindlicher Entwicklungsstufen mit der kognitiven Entwicklung erwachsener Personen – sind bis in die Gegenwart aufzufinden (vgl. Kremsner 2017). Der Ausdruck ›Oligophrenie‹ wird aktuell als hochgradig diskriminierend empfunden (vgl. Zimpel 2017).

Mit der NS-Diktatur wurde, Strachota (2009) folgend, mit dem Begriff der ›Bildungsunfähigkeit‹ eine Terminologie eingeführt, die auch nach dem Ende des NS-Regimes weitergeführt und in entsprechenden Gesetzestexten verankert blieb; mit dieser Zuschreibung wurden Kinder und Jugendliche von der Schul- bzw. Bildungspflicht ›befreit‹. Die »›Befreiung‹ von der Schulpflicht behinderter Kinder bedeutete, dass schwer körperbehinderte, geistig behinderte und mehrfachbehinderte Kinder und Jugendliche ihr Leben ausschließlich in der Wohnung der Eltern, in der Krankenabteilung eines Heimes oder in psychiatrischen Abteilungen führen mussten« (Strachota 2009, 15).

Während des Nationalsozialismus wurden die vorab beschriebenen Begriffe teilweise weiter verwendet, jedoch deutlich weiter gefasst: So wurden etwa als ›angeborene Schwachsinnige‹ auch jene Menschen bezeichnet, die heute wohl als ›in ihrer sozialen und/oder emotionalen Entwicklung auffällig‹ bezeichnet werden würden (vgl. Mattner 2000). Darüber hinaus wurden die ›Hilfsschulen‹ (so die bis zum Nationalsozialismus gebräuchliche Nomenklatur) in ›Sonderschulen‹ umbenannt; der Begriff hält sich bis heute. Eine besonders unrühmliche Rolle kam den in dieser Zeit in den Sonderschulen arbeitenden Lehrpersonen zu: »Sie erstellten nach subjektiven Kriterien Personalbögen, die als Erfassungsinstrument für die Sterilisationsmaßnahmen dienten und konstruierten oder übernahmen Diagnosen wie angeborener Schwachsinn, Unbildbarkeit oder moralischer Schwachsinn und Unerziehbarkeit. Zwischen 1933 und 1945 wurden unter Mithilfe der Sonderpädagog/innen ca. 400.000 Zwangssterilisationen durchgeführt« (von Stechow 2016, 33f.; H.i.O.). Darüber hinaus waren Kinder und Jugendliche ebenso wie Erwachsene Opfer der rund 70.000 Euthanasiemorde in der T4-Aktion des Naziregimes 1940/41 (vgl. Klee 2001).

Die skizzierten Begrifflichkeiten blieben alltagssprachlich nach dem Ende der nationalsozialistischen Diktatur weiterhin in Gebrauch und wurden mit dem Fortschreiten des 20. Jahrhunderts zunehmend als negativ konnotiert wahrgenommen. Die ›Bildungsunfähigkeit‹ als juristisch legitimierter Begriff mit Wurzeln in der NS-Zeit wurde »unerträglich spät« (Strachota 2009, 15) fallengelassen; in Österreich z. B. erst im Dezember 2005 (ebd.). Erst durch den Vorstoß von Elterninitiativen konnte in den 1960er- und 1970er-Jahren in Deutschland das zu diesem Zeitpunkt gegenwärtige Paradigma der vermeintlichen (Schul-)›Bildungsunfähigkeit‹ von Kindern und Jugendlichen, die in ihrer kognitiven Entwicklung behindert werden, aufgebrochen werden; ›Schulen für Geistigbehinderte‹ wurden daraufhin großflächig eingeführt (vgl. Musenberg 2016).

Als der Begriff ›geistige Behinderung‹ in den 1950er Jahren von Elternvertretungen neu in die Fachdiskussion eingeführt wurde, hatte er die Funktion, medizinisch basierte Termini wie ›Schwachsinn‹ durch eine nicht-diskriminierende Wortwahl zu ersetzen. Mittlerweile hat ›geistige Behinderung‹ selbst stigmatisierendes Potential und wird von den Autor:innen dieses Bandes gemieden. Wo es um die Bezeichnung der Gruppe in gesellschaftlichen Kontexten geht, wird ›Menschen mit Lernschwierigkeiten‹ als derjenige Begriff verwendet, den Selbstvertreter:innen für sich reklamieren (vgl. Kremsner 2017). Allerdings ist auch anzumerken, dass der Begriff – obwohl er mittlerweile in die deutschsprachige Fachliteratur Eingang hält, ähnlich wie der Begriff ›people with learning difficulties‹ einige Jahre zuvor – im alltäglichen Sprachgebrauch nicht vor Missverständnissen geschützt ist.

Einige der Kinder und Jugendlichen mit Behinderungszuschreibungen im Bereich der kognitiven und/oder der motorischen Entwicklung werden erst seit vergleichsweise kurzer Zeit verpflichtend beschult (vgl. Bernasconi & Böing 2015, 41f.). Erst ab dem Ende der 1970er Jahre wurde zunehmend als Problem artikuliert, dass trotz vorhandener sonder- bzw. förderschulischer Einrichtungen immer noch Kinder aufgrund der Schwere oder Komplexität der Behinderung keine Aufnahme in schulische Bildungsinstitutionen fanden (vgl. Thümmel 2003, 162f.).

Seit den 1980er-Jahren haben auch komplex behinderte Schüler:innen Zugang zu Schule und Unterricht, sodass nach Einschätzung von Musenberg (vgl. 201 214f.) »somit grundsätzlich niemand mehr aufgrund der ›Schwere‹ seiner Behinderung vom schulischen Bildungssystem ausgeschlossen wird«. Die Rechtslage ist in den deutschsprachigen Staaten, aber auch zwischen den einzelnen deutschen Bundesländern uneinheitlich, und es gibt immer noch Länder, die Ausnahmen für die Aufnahme in die Schule formulieren (vgl. Thümmel 2003, 166f.). Auch dort, wo Schul- oder Unterrichtspflicht besteht, gibt es Möglichkeiten, in Einzelfällen diese zu umgehen oder ihre Erfüllung von dem Verhalten institutioneller Entscheidungsträger:innen abhängig zu machen.

Trotz der sehr jungen Historie verweisen aktuelle, mitunter hoch emotional geführte Diskurse im Kontext inklusiver Schule auf die Auflösung der Sonder- bzw. Förderschulen und ihrer Förderschwerpunkte – und damit einhergehend auch der damit verbundenen Terminologien.

2.2 Beispiele für Begriffe mit medizinischen Wurzeln

Während im medizinischen Kontext entstandene Begriffe im Feld motorischer, kognitiver Entwicklung wie ›spastisch‹ oder ›oligophren‹ aus dem fachlichen Sprachgebrauch mittlerweile verschwunden sind, sind andere Begriffe mit medizinischem Ursprung nach wie vor präsent und werden häufig unhinterfragt reproduziert. Dies gilt auch für die Pädagogik, die es bisher versäumt hat, originär pädagogische Fachtermini zu erarbeiten und zu etablieren und stattdessen einschlägig medizinisches Vokabular verwendet. In Ermangelung von Alternativen greifen auch die Verfasser:innen dieses Bandes auf eine Auswahl von fünf häufigen Begriffen zurück, die sich – und hier beginnt die Nutzung medizinischen Fachvokabulars – auf Dysfunktionalitäten in der ontogenetischen Entwicklung von Menschen beziehen. Die nachfolgenden Abschnitte vermitteln Basiswissen über möglicherweise vorliegende Schädigungen – einhergehend mit der Entwicklung eines Bewusstseins darüber, dass der Blick auf Menschen unter dem Aspekt einer Schädigung aus pädagogischer Perspektive problematisch ist.

In Lehrbüchern, die einem medizinischen Ansatz folgen, sind zahlreiche z. T. sehr seltene Syndrome benannt (z. B. in Neuhäuser 2003). Die einschlägigen Werke beziehen sich auf ein breites Spektrum an Schädigungen, das in der pädagogischen Arbeit berücksichtigt werden kann, auch, um den spezifischen Ausgangslagen der betroffenen Kinder und Jugendlichen gerecht zu werden. Viele der z. B. von Neuhäuser genannten Syndrome sind aber so selten, dass auch Lehrkräfte mit einer Spezialisierung in Inklusiver Pädagogik kaum mit ihnen in Berührung kommen werden. Die nachfolgende Beschreibung von häufigen Ursachen, Erscheinungsformen und Personengruppen bei Beeinträchtigungen der motorischen und/oder kognitiven Entwicklung orientiert sich an der dezidiert medizinischen Darstellung von Neuhäuser (2003) sowie an sonderpädagogischen Lehrbüchern (vgl. Bergeest, Boenisch & Daut 2015; Hedderich 2006):

Tab. 2.1: Medizinisch orientierte Zuschreibungen bei Beeinträchtigungen der motorischen und/oder kognitiven Entwicklung

Chromosomenabweichungen, Genmutationen
Stoffwechselstörungen
Schwangerschaftseinwirkungen
erbliche Schädigungen
Geburtskomplikationen
Frühgeburten
Veränderungen und Erkrankungen des Nervensystems
Äußere Einwirkungen

2.2 Beispiele für Begriffe mit medizinischen Wurzeln

In den nachfolgenden Abschnitten sind einige Beispiele von medizinisch orientierten Zuschreibungen bei Beeinträchtigungen der motorischen und/oder kognitiven Entwicklung dargestellt. Diese wurden so ausgewählt, dass häufige Formen vertreten sind, andererseits aber auch solche mit unterschiedlichen Auswirkungen auf die pädagogische Arbeit vorkommen.

2.2.1 Cerebrale Bewegungsstörungen

Cerebrale Bewegungsstörungen stellen die zahlenmäßig größte Gruppe der medizinischen Diagnosen unter den Kindern mit motorischen Beeinträchtigungen dar. Der Begriff löste die früheren Begriffe der spastischen Behinderung oder den medizinisch geprägten Begriff der infantilen Cerebralparese ab (vgl. Kallenbach 2000). Cerebralparese wird wörtlich als ›Gehirnlähmung‹ übersetzt. Das ist aber insofern irreführend, als es sich hierbei nicht um Lähmungserscheinungen handelt, sondern um vom Kind bzw. der erwachsenen Person nicht gezielt steuerbare Bewegungen. Stark ausgeprägte Formen von cerebralen Bewegungsstörungen treten oftmals zusammen mit Beeinträchtigungen der Sprache auf. Dabei ist zwischen ›Aphasien‹ als Sprachstörungen aufgrund von Verletzungen des Sprachenzentrums des Gehirns einerseits und ›Dysarthrien‹ als Sprechstörungen aufgrund von Bewegungsstörungen der Sprechorgane andererseits zu unterscheiden (vgl. Hedderich 2000, 133f.).

Die speziellen Merkmale der cerebralen Bewegungsstörung bilden sich erst nach dem ersten Lebensjahr heraus, wobei drei Hauptformen unterschieden werden (vgl. Bergeest, Boenisch & Daut 2015, 98f.):

- *Spastik* als häufigste Form ist durch ständig oder intermittierend erhöhte Muskelspannung gekennzeichnet. Sie kann sich als Tetraplegie (beide Arme und Beine betroffen), Diplegie (Beine sind mehr als Arme betroffen) oder Hemiplegie (Verkrampfung an einer Körperhälfte) äußern.

2 Grundlegende Begriffe und Systematiken

- *Athetose:* Sie ist gekennzeichnet durch stark wechselnde Muskelspannungen zwischen Schlaffheit (Hypotonie) und Bewegungsüberschuss (Hypertonie).
- *Ataxie:* Kennzeichen ist ein schwankender, oft zu niedriger Muskeltonus mit Richtungskorrektur und instabilem Gang sowie die fehlende Zielsicherheit beim Hantieren.

Bergeest et al. (2015, 99f.) weisen darauf hin, dass bei cerebralen Bewegungsstörungen die beschriebenen Formen häufig in Mischformen vorhanden sind.

Lehrkräfte wie auch andere Erwachsene neigen dazu, Kinder mit cerebralen Bewegungsstörungen falsch einzuschätzen. Die neuronal bedingte mangelnde sprachliche Artikulationsfähigkeit führt häufig zu Fehleinschätzungen der kognitiven Leistungsfähigkeit der Kinder oder auch der Erwachsenen. Auch wenn keine Form der ›Intelligenzminderung‹, so die aus Perspektive der Inklusiven Pädagogik deutlich zurückzuweisende Terminologie im ICD-10-Code, vorliegt, verhält sich die Umwelt häufig so, als wäre dies der Fall. In pädagogischen Settings kann dies nicht nur zu Unterforderungen bei den kognitiven Leistungen führen. Es verleitet oft auch dazu, die notwendigen Wege für den Aufbau angepasster Lernumgebungen gar nicht erst zu suchen. Mitunter bereitet es Mühe, Formen der Artikulation für die Kinder und Jugendlichen zu etablieren, die ihnen eine gleichberechtigte Teilnahme am Lerngeschehen ermöglichen. Es wird kaum oder zu wenig Aufwand betrieben, um überhaupt geeignete Lernmöglichkeiten in die Wege zu leiten. Die Kenntnis von Methoden der Unterstützten Kommunikation (▶ Kap. 3) und deren sachgerechte Anwendung sind für den Unterrichtserfolg oft ausschlaggebend.

2.2.2 Progrediente Erkrankungen

Progrediente Erkrankungen sind fortschreitende (schwere) Erkrankungen, die zu irreversiblen körperlichen Abbauprozessen und

2.2 Beispiele für Begriffe mit medizinischen Wurzeln

letztlich zum Tod der betroffenen Person führen können. Hierzu gehören z. B. Krebserkrankungen, Mukoviszidose oder die Duchenne-Muskeldystrophie. Wenn Kinder und Jugendliche davon betroffen sind, führt dies neben der existentiellen Bedrohung von Leib und Leben zu einer Reihe von Implikationen für die (selbstverständlich auch im Fall einer letalen Diagnose) entwicklungsbegleitende pädagogische Arbeit. Dies soll nachfolgend am Beispiel der Duchenne-Muskeldystrophie (DMD) skizziert werden. Die durch den Verlauf der DMD verursachten Auffälligkeiten in der motorischen Entwicklung eines Kindes lassen sich in Anlehnung an Ortmann (2000) wie folgt als Symptome darstellen:

Tab. 2.2: Motorische Entwicklungsverläufe bei Duchenne-Muskeldystrophie (DMD) nach Ortmann (2000)

Phase	Motorische Entwicklungsauffälligkeit
1	Häufiges Stolpern und Stürzen, Hüpfen ist nicht möglich
2	Auffälligkeiten beim Gehen
3	Treppensteigen mit Festhalten am Geländer ist noch möglich
4	Fähigkeit zum Laufen ist eingeschränkt
5	Gehen führt zu rascher Ermüdung, Treppensteigen ist nicht mehr möglich
6	Aufstehen vom Boden ist nur noch mit Hilfestellung möglich
7	Gehen ist nur noch mit intensiver Hilfe über kurze Strecken möglich
8	Gehen ist nicht mehr möglich, aber Rollstuhl kann selbständig bewegt werden
9	Sitzen ist noch möglich, Hinsetzen aus der Rückenlage aber nicht mehr
10	Keine Selbstversorgungshandlungen mehr möglich, Stimme wird leiser
11	Sitzen nicht mehr möglich, Probleme beim Sprechen und Atmen, Tod

Kinder mit diagnostizierter Duchenne-Muskeldystrophie (DMD) entwickeln sich in den ersten Lebensjahren motorisch unauffällig.

2 Grundlegende Begriffe und Systematiken

Erste Anzeichen, die häufig falsch gedeutet werden, treten durchschnittlich mit zwei Jahren auf. Die Entwicklungssituation für Kinder mit DMD vollzieht sich unter umgekehrten Vorzeichen wie die der Alterskamerad:innen: Während mit zunehmendem Alter der Aktionsradius und auch die Bewegungsfähigkeit bei Kindern und Jugendlichen steigt, sind von DMD betroffene Kinder mit der entgegengesetzten Entwicklung konfrontiert. Insbesondere in Phasen der Pubertät und des frühen Jugendalters sind die Rückschritte in der Motorik besonders gravierend. Der körperliche Abbau vollzieht sich in vollem Bewusstsein der Heranwachsenden über ihre Lebenssituation und ihre weiteren Lebensperspektiven und endet zumeist im Verlauf der zweiten oder dritten Lebensdekade mit dem Tod.

Im Zusammenhang mit progredienten Erkrankungen stellt sich die Frage nach dem Stellenwert schulischer Bildung, die auf die Zukunft ausgerichtet ist. Zielt der Schulabschluss auf den Übergang in Ausbildung und/oder späteren Beruf, ist diese Zielstellung für Kinder und Jugendliche mit begrenzter Lebenserwartung berechtigterweise zu hinterfragen. Allerdings erfahren Kinder mit lebensbedrohlichen Erkrankungen Bildungsprozesse häufiger als Bereicherung ihrer persönlichen Entwicklung und nicht als Qualifizierung oder Vorbereitung auf eine spätere Berufstätigkeit. Pädagog:innen sollten daher Bildungsambitionen der Kinder und Jugendlichen unterstützen, die auf die Bewältigung einer ggf. auch ambitionierten Bildungslaufbahn zielen. Bei der Frage nach dem Besuch einer weiterführenden Schule und der Möglichkeit zum Studium sollten Pädagog:innen die nötige Unterstützung zur Aneignung von Bildung leisten, auch gegenüber Dritten.

2.2.3 Chromosomenabweichungen

Aus medizinischer Sicht sind die bekanntesten Chromosomenabweichungen Trisomien, also das Vorhandensein von drei statt zwei Chromosomen in den Zellen. Trisomien können unterschiedliche Chromosomen betreffen (z. B. das 13. oder das 18. Chromosom). Am

2.2 Beispiele für Begriffe mit medizinischen Wurzeln

häufigsten ist aber die Trisomie 21, für die es in Anlehnung an den Namen des Erstbeschreibers, John Langdon Down, auch die Bezeichnung Down-Syndrom gibt.

Die Auftretenswahrscheinlichkeit einer Trisomie 21 hängt aus medizinischer Sicht neben anderen Faktoren sehr stark vom Lebensalter der Mutter ab. Während bei Müttern unter 30 Jahren die Wahrscheinlichkeit, ein Kind mit Trisomie 21 zu gebären, nur bei 1:700 liegt, steigt dieser Anteil bei Müttern von 44 Jahren auf 1:40 (vgl. Neuhäuser 2003, 177). Unter den Kindern im schulpflichtigen Alter, denen erschwerte kognitive Entwicklung zugeschrieben wurde, wiesen vor 30 Jahren noch ca. 20 % Trisomie 21 auf. Seitdem ist dieser Prozentsatz in Mitteleuropa aus verschiedenen Gründen gesunken. Als Hauptgrund ist die pränatale Diagnostik zu nennen. Damit zusammenhängend ist die absolute Zahl der Geburten von Kindern mit diagnostizierter Trisomie 21 gesunken – bei gleichzeitig steigender Anzahl von Kindern, denen im Schulsystem eine kognitive Beeinträchtigung (mit anderer Ursache) zugeschrieben wird (vgl. Biewer 2017, 50).

Zum Entwicklungsverlauf und zum Lernen von Schüler:innen mit der Diagnose Trisomie 21 gibt es, wie bei den meisten medizinischen Diagnosezuschreibungen auch, zahlreiche Studien und Forschungsbefunde, deren Kenntnis auch für Pädagog:innen relevant ist. So wurde in entwicklungspsychologischen Langzeitstudien die besonders hohe Variabilität individueller Entwicklungsprofile festgestellt – und zwar auch bezüglich einzelner Bereiche bei Entwicklungsverläufen. Insgesamt scheinen sich Kinder mit Trisomie 21 etwa halb so schnell zu entwickeln wie die Durchschnittspopulation der Altersgruppe (vgl. Rauh 1991).

Übertragen auf den schulischen Bereich spricht die besondere Heterogenität innerhalb dieser Gruppe für die Notwendigkeit individualisierender Lernmethoden. Allerdings wurde festgestellt, dass die kognitive Erfassung von Zusammenhängen deutlich höher ist als die Fähigkeit, Dinge sprachlich auszudrücken. Als Konsequenz wird die Leistungsfähigkeit von Kindern und Jugendlichen mit Trisomie 21 häufig unterschätzt (vgl. Jantzen 1998).

2 Grundlegende Begriffe und Systematiken

In diesem Zusammenhang ist vor allem darauf hinzuweisen, dass Trisomie 21 keineswegs zwingend mit sonder- oder förderpädagogischen Maßnahmen einhergehen muss. Dies kann allerdings nur dann gelingen, wenn die Kinder tatsächlich als Kinder, ohne diagnostischen Suffix, betrachtet werden und ihnen ihre Diagnose nicht als Zuschreibung im Weg steht. Weiterhin existieren Befunde, die die sozialen Kompetenzen von vielen der Kinder belegen. Soziale Fähigkeiten im Umgang mit anderen bieten gute Voraussetzungen, sich in inklusive Lernumgebungen einzubinden. Zu problematisieren bleibt bei derlei Befunden jedoch, dass Schüler:innen mit der Diagnose Trisomie 21 durch die Beforschung ihrer sozialen Kompetenzen überhaupt erst behindert werden, indem diese in Frage gestellt werden. Es ist dementsprechend nicht zwingend notwendig, sich als inklusive:r Pädagog:in mit der *medizinischen* Diagnostik zur Trisomie 21 *vertiefend* zu beschäftigen.

2.2.4 Epilepsien

Epilepsien sind aus medizinischer Sicht »Ergebnis einer Störung elektrisch-chemischer Vorgänge in den Nervenzellen des Gehirns« (Bergeest, Boenisch & Daut 2015, 136). Epileptische Anfälle sind dementsprechend Hirnstromentladungen, die über ein Elektroencephalogramm (EEG) sichtbar gemacht werden können. Die Anfälle können einige Sekunden (Petit Mal, Absencen) oder minutenlang (Grand Mal) dauern.

Von Anfallskrankheiten ist rund 1 % der Bevölkerung betroffen (vgl. Seifert 2000, 107), und sie beginnen in ¾ der Fälle bereits im Kindes- und Jugendalter (vgl. Bergeest, Boenisch & Daut 2015, 137). Die Formen sind außerordentlich vielfältig und es können auch Kombinationen verschiedener Anfallsarten auftreten. Die Auswirkungen auf die motorische und kognitive Entwicklung können von minimalen Folgen bis hin zu schweren Entwicklungsbeeinträchtigungen reichen.

2.2 Beispiele für Begriffe mit medizinischen Wurzeln

Dieses medizinische Hintergrundwissen ist insofern von Relevanz, als Lehrkräfte der inklusiven Schule in der Lage sein sollten, epileptische Anfälle zu erkennen, um passend darauf reagieren zu können. Es ist nicht leicht, Petit-Mal-Anfälle tatsächlich im Klassengeschehen zu beobachten. Häufig werden sie als Unaufmerksamkeit des Kindes gedeutet. Auch die Aktivitäts- und Stimmungslabilität von Kindern und Jugendlichen mit Epilepsie muss für die Gestaltung des individuellen Lernprozesses berücksichtigt werden (vgl. Seifert 2000). Ein passender Umgang mit Grand-Mal-Anfällen wiederum kann überlebenswichtig für die betroffenen Schüler:innen sein. Die Prävention von Erstickungssymptomen muss durch geeignete Lagerungstechniken sichergestellt sein, wozu entsprechende Kenntnisse der Lehrkraft erforderlich sind. Aber auch der Schutz vor Verletzungen und die Bereitstellung von Ruhemöglichkeiten sind bei der Planung inklusiver räumlicher Lernumgebungen zu bedenken. Damit einhergehend ist auch eine Fülle an pädagogisch relevanten Situationen zu berücksichtigen. Als ein Beispiel sei etwa das Auftreten von epileptischen Anfällen in oder unmittelbar vor Prüfungssituationen genannt. Hier muss überlegt werden, wie damit umgegangen werden kann bzw. wie alternierende Prüfungsmodalitäten ausgestaltet werden können.

2.2.5 Autismus-Spektrum-Störung (ASS)

Gemessen an der Anzahl wissenschaftlicher Veröffentlichungen, sowohl in der Medizin als auch in der Psychologie sowie der Pädagogik, ist die Autismus-Spektrum-Störung (ASS) eines der meistbeforschten Phänomene im Bereich der Entwicklungsbeeinträchtigungen. Beschrieben wurde die ASS als medizinische Diagnose fast zeitgleich 1943 von Leo Kanner in den USA und 1944 von Hans Asperger in Österreich. Es waren zwei unterschiedliche Formen dieser innerhalb eines Spektrums angesiedelten Störung, sodass nachfolgend auch von Kanner-Syndrom und Asperger-Syndrom die Rede war. Seit ihrer erstmaligen Beschreibung wurde der frühkindliche

Autismus mit kognitiver Beeinträchtigung verbunden, während das Asperger-Syndrom eher als Form einer ›Charakteranomalie‹ betrachtet wurde. Für die von Kanner beschriebene Form hat sich der Begriff des frühkindlichen Autismus durchgesetzt (vgl. Klicpera & Innerhofer 2002), für die andere blieb der Begriff des Asperger-Syndroms bestehen. Allerdings ist die Unterscheidung zwischen frühkindlichem Autismus und Asperger-Syndrom mittlerweile wenig gebräuchlich, wenn auch noch nicht aus dem fachlichen Sprachgebrauch verschwunden. Der Grund dafür liegt vor allem darin, dass es trotz der zahlreichen Forschungsarbeiten zum Autismus-Spektrum bislang zwar einzelne Theorien über seine Entstehung und seine Ursachen gibt, allerdings kann keine dieser Theorien auf allgemeine Anerkennung bauen, wie dies z. B. bei der Trisomie 21 der Fall ist. So erfolgen bei der Feststellung des Autismus-Spektrums eher ›Summationsdiagnosen‹, d. h. es wird dann von Autismus gesprochen, wenn eine bestimmte Anzahl von vielen Merkmalen gemeinsam auftritt. Die Unklarheit bei den Unterscheidungen und die verschiedenen Formen führten dazu, dass in gegenwärtig verwendeten Klassifizierungen von Autismus-Spektrum-Störung oder Autismus-Spektrum gesprochen wird.

Das Meiden zwischenmenschlichen Kontakts, Verschiebungen im Wahrnehmungsbereich, die Tendenz zur Aufrechterhaltung der dinglichen Umgebung mit zwanghaftem Festhalten an Ordnungsstrukturen und Stereotypien sind einige der Merkmale, die, oft durch teilweise klischeehafte Zuschreibungen, mit ASS assoziiert werden. Für alle diese Aspekte bleibt allerdings mit Nachdruck festzuhalten, dass sie keineswegs zwingend mit der Diagnose einhergehen. Vielmehr können innerhalb des bereits beschriebenen Spektrums Merkmale und Aspekte in ganz unterschiedlichen Ausformungen und Kombinationen vorkommen – oder sich eben auch ganz ›atypisch‹ zeigen. Für die pädagogische Arbeit mit Kindern und Jugendlichen, die dem Autismus-Spektrum zugeordnet werden, bedeutet dies, dass eine kritische Reflexion solcher möglichen Klischees zu ASS dringend angebracht ist, um Schüler:innen hier nicht durch vermeintliches, oberflächliches oder ggf. sogar falsch interpretiertes medizinisches Wissen zu behindern. Eine vertiefte Auseinandersetzung mit den konkreten Voraussetzungen und Bedarfen des Kindes in Zusammenarbeit mit den Eltern wie auch dem Kind selbst ist dringend zu empfehlen.

In den vergangenen Jahren meldeten sich verstärkt mit einer Diagnose im Autismus-Spektrum versehene Personen selbst zu Wort, und es ist zu einer Neuinterpretation und einem neuen Verständnis des Autismus-Spektrums gekommen (vgl. Theunissen 2016). Eingefordert wird von ihnen die Abkehr von einem defizitbezogenen Zugang und die Hinwendung zur Akzeptanz anderer Erfahrungen der Wahrnehmung der Umwelt. Dies bedeutet, der Stimme der Menschen Vorrang zu geben, die sich dem Autismus-Spektrum zuzählen und zugehörig fühlen und daraus Konsequenzen für Bildung und Erziehung zu ziehen. Theunissen (2016) versucht, diesen neuen Blick zu vermitteln, indem er die Stimmen der Betroffenen in seine Darstellung des neuen Verständnisses des Autismus-Spektrums integriert.

2.2.6 Zum pädagogischen Umgang mit medizinischen Diagnosen

Auch für die Subdisziplinen der Sonderpädagogik wie z. B. der ›Körperbehindertenpädagogik‹ (vgl. Bach 1979) und der ›Geistigbehindertenpädagogik‹ (vgl. Haupt 1983) war insbesondere in ihrer Entstehungsphase eine Orientierung am medizinischen Modell von Behinderung häufig erkennbar. Ausgegangen wurde von Schädigungen des menschlichen Körpers und von Defiziten. Ein pädagogischer Interventionsbedarf wurde entsprechend um diese vermeintlichen Mängel herum aufgebaut und soziale Faktoren dabei vernachlässigt.

Klassifizierungen aufgrund somatischer Schädigungen verleiten zur Fokussierung von Defiziten. Kinder werden in ihrem Leistungspotential unterschätzt und positive Entwicklungsmöglichkeiten werden nicht registriert. Dazu kommt, dass aufgrund von lediglich oberflächlichem Wissen Kinder als Diagnose-Träger:innen mit ›typischen‹ Merkmalen interpretiert werden, ohne den tatsächlichen Menschen dahinter zu sehen. So werden Schüler:innen mit der Diagnose Down-Syndrom z. B. oft bezugnehmend auf ihre, mitunter völlig durchschnittlichen, kognitiven Fähigkeiten unterschätzt, im Gegenzug aber pauschal als ›besonders lieb‹ und ›mit einem sonnigen Gemüt ausgestattet‹ wahrgenommen. Schüler:innen, die im Bereich des Autismus-Spektrums diagnostiziert wurden, haben hingegen oftmals mit dem Vorurteil zu kämpfen, dass sie besonders schlau oder zumindest ›inselbegabt‹ seien, während der Blick- wie auch der Körperkontakt zu ihnen gemieden wird. In der Konsequenz werden sie auf diese Weise behindert – und zwar von denjenigen Personen, die mit ihnen basierend auf Vorurteilen interagieren.

Lehrkräfte, die mit Kindern mit Beeinträchtigungen der motorischen und/oder kognitiven Entwicklung arbeiten, kommen nicht umhin, sich ein umfangreiches spezialisiertes Wissen, auch aus medizinischer Literatur, anzueignen. Ein Problem stellt dabei aber nicht nur die fast unüberschaubare Vielfalt an möglichen Schädigungen dar, die Recherchetätigkeiten insbesondere dann erforderlich machen, wenn Lehrkräfte mit den konkreten medizinischen Diagnosen konfrontiert sind. In einer Primärausbildung für das Lehramt ist ein umfassendes Detailwissen kaum zu vermitteln. Die Fähigkeit zur Recherche und die Haltung, sich Neues aneignen zu wollen und eine forschende Haltung einzunehmen, sollte daher zu den wichtigsten Kompetenzen derjenigen Personen gehören, die schulische Inklusion mit diesen Zielgruppen verwirklichen möchten. Am wichtigsten ist und bleibt aber, sich vor allem mit dem Kind selbst und seiner Individualität auseinanderzusetzen. Denn, wenn auch medizinische Kenntnisse sehr wichtig sind, muss eindringlich vor der Gefahr gewarnt werden, aufgrund medizinischer Diagnosen die Entwicklungsmöglichkeiten von Kindern zu gering einzuschätzen oder klischeehaft zu beurteilen und damit Chancen und Potenziale leichtfertig zu vergeben.

2.3 Begriffe mit heilpädagogischen, sonderpädagogischen und integrationspädagogischen Wurzeln

Grundsätzlich ist zwischen der Heilpädagogik, der Sonderpädagogik sowie der integrativen Pädagogik und weiterführend auch der Inklusiven Pädagogik (▶ Kap. 2.3.4) zu unterscheiden; hierbei handelt es sich, auch wenn dies insbesondere für Studienanfänger:innen manchmal verwirrend sein mag, explizit nicht um dieselben Diskursgemeinschaften. Dennoch beschäftigen sie alle sich trotz unterschiedlicher Ansätze mit demselben Diskursgegenstand, nämlich der Frage, wie Schüler:innen mit Beeinträchtigungen sich in pädagogischen Settings bestmöglich entwickeln können.

Mit der Besetzung einer Professur an der Universität Zürich durch Heinrich Hanselmann gab es erstmals 1931 Heilpädagogik als wissenschaftliche Disziplin in einem der deutschsprachigen Länder. Sein im Jahre 1930 in erster Auflage erschienenes Werk »Einführung in die Heilpädagogik« ging von dem bei ihm zentralen Begriff der »Entwicklungshemmung« aus. Diese Terminologie ist vergleichbar mit dem Begriff der Behinderung in späteren Entwürfen der Sonderpädagogik. Heilpädagogik betrachtete er als »die Lehre vom Unterricht, von der Erziehung und Fürsorge aller jener Kinder, deren körperlich-seelische Entwicklung dauernd durch individuale und soziale Faktoren gehemmt ist« (Hanselmann 1966, 12). In seinem Konzept verbanden sich medizinische und defizitorientierte Beschreibungen (»individuale Faktoren«) mit dem Blick auf »soziale« Strukturen und sozialarbeiterische Aufgaben (»Fürsorge«). Zu den Entwicklungshemmungen rechnete er auch ›Schwachsinn‹, während Kinder und Jugendliche mit Beeinträchtigungen der körperlichen und motorischen Entwicklung zu den ›Schwererziehbaren‹ gezählt wurden.

Diese aus heutiger Sicht befremdlich wirkende Zuordnung kam zustande, indem Hanselmann bei den so genannten ›Schwererziehbaren‹ zwischen solchen mit ›neuropathischer‹ und ›psychopathischer‹ Konstitution unterschied. Zur neuropathischen Konstitution rechnete er das Bewegungsnervensystem ebenso wie Epilepsien, wohingegen die psychopathische Konstitution Auffälligkeiten im Verhalten ganz allgemein umfasste. Betrachten wir Hanselmanns System in seiner Gesamtheit, so dominiert ein medizinischer Zugang unter Berücksichtigung sozialer Komponenten der Entwicklung. Dies ist ein Zugang, den wir in der ersten Hälfte des 20. Jahrhunderts häufig in den Entwürfen der Heilpädagogik in allen deutschsprachigen Ländern finden, allerdings mit unterschiedlichen Akzenten.

Es fällt auf, dass Österreich, mit einer stark an die Medizin gekoppelten Heilpädagogik, und Deutschland, mit der Verankerung der Sonderpädagogik in der Lehrer:innenbildung, sich in der Entwicklung der Disziplin deutlich voneinander unterscheiden. In Deutschland erfolgt die Ausdifferenzierung des Schulsystems und damit einhergehend auch der Lehrer:innenbildung entlang unterschiedlicher kategorialer Zuordnungen, die auch als ›Förderschwerpunkte‹ bekannt sind. Unter diesen befinden sich auch die für dieses Buch relevanten Kategorien der ›Körperbehindertenpädagogik‹ bzw. des Förderschwerpunkts ›körperliche und motorische Entwicklung‹ und damit zusammenhängend der Körperbehinderung als Terminus sowie der ›Geistigbehindertenpädagogik‹ bzw. des Förderschwerpunkts ›geistige Entwicklung‹ (und dem damit assoziierten Begriff der ›geistigen Behinderung‹). Alle diese Begriffe sind nach wie vor in allen deutschsprachigen Ländern in der akademischen Pädagogik im Gebrauch und zumindest in Deutschland auch mit entsprechend benannten universitären Lehrstühlen versehen (vgl. Biewer 2017). Diese Systematik ist der Sonderpädagogik zuzurechnen.

Seit den 1960er Jahren erfolgten kategoriale Einteilungen auch für den wissenschaftlichen Bereich anhand von Sonder- bzw. Förderschulformen. Das zwölfbändige Handbuch der Sonderpädagogik, dessen Einzelbände von 1977 bis 1991 erschienen sind, steht für diese Unterteilung. Als das zentrale Werk, das den Wissensbestand für mehr als zwei Jahrzehnte bündelte, steht es für die Zeit

2.3 Begriffe mit heilpädagogischen und integrationspädagogischen Wurzeln

des Auf- und Ausbaus des Sonder- bzw. Förderschulsystems in Deutschland. Als Autor:innen sind die meisten maßgeblichen Wissenschafter:innen des Fachgebiets in den Handbuchbeiträgen vertreten. »Pädagogik der Geistigbehinderten« von Heinz Bach (1979) und »Pädagogik der Körperbehinderten« von Ursula Haupt (1983) gehörten zu den ersten Bänden der Reihe. Mit »Pädagogik bei schwerster Behinderung« (Fröhlich 1991) schloss die Reihe ab.

Die Inhalte der drei genannten Bände sind Sichtweisen auf den Gegenstand des vorliegenden Buches – zu einer Zeit, als der Ausbau des Sonder- bzw. Förderschulsystems seinen Höhepunkt erreichte – und spiegeln damit den fachlichen Entwicklungsstand der Sonderpädagogik zum damaligen Zeitpunkt wider. Aus heutiger Sicht problematisch ist die Gruppierung aller Fragen, bis hin zu den Fragen des Menschseins, um den Begriff der Behinderung. Es ist daher nur folgerichtig, wenn Zirfas (1998) den anthropologischen Zugang problematisiert, der in Ulrich Bleidicks Buch »Pädagogik der Behinderten« (Bleidick 1972) grundgelegt wurde und der diese Handbuchreihe prägt: Behinderung wird demzufolge zum Thema gemacht »mit dem fatalen Effekt, dass aus Menschen Behinderte werden« (Zirfas 1998, 102).

Im Jahre 1994 veröffentlichte die deutsche Kultusministerkonferenz die ›Empfehlungen zur Sonderpädagogischen Förderung‹ (KMK 2000a). Von der für mehrere Jahrzehnte gültigen Unterteilung von Schüler:innen in Behinderungskategorien (z. B. ›geistigbehindert‹ oder ›körperbehindert‹) wichen die Richtlinien zur sonderpädagogischen Förderung der Deutschen Kultusministerkonferenz zumindest sprachlich ab. So war in den Ergänzungen, die 1998 erschienen, von den Förderschwerpunkten ›geistige Entwicklung‹ (KMK 2000c) sowie ›körperliche und motorische Entwicklung‹ (KMK 2000d) die Rede. Eine inhaltliche Veränderung ging damit nicht einher, da in den Richtlinien weiterhin von ›Schülerinnen und Schülern mit geistiger Behinderung‹ (KMK 2000c, 266) und ›mit körperlicher Behinderung‹ (KMK 2000d, 98) zu lesen war.

Die KMK-Richtlinien der 1990er Jahre ließen keinen Zweifel daran, dass unter Kindern und Jugendlichen mit einem Förderschwerpunkt diejenigen gemeint waren, denen bislang eine Behinderung zugeschrieben wurde. Schüler:innen mit dem ›Förderschwerpunkt geistige Entwicklung‹ waren also jene, die zuvor als ›geistigbehindert‹ bezeichnet wurden, und diejenigen mit dem ›Förderschwerpunkt körperliche und motorische Entwicklung‹ waren diejenigen, die zuvor als ›körperbehindert‹ bezeichnet wurden. Mit der Übernahme des Begriffs des ›sonderpädagogischen Förderbedarfs‹ in die Schulgesetzgebung gab es in Österreich ab Mitte der 1990er Jahre ähnliche Tendenzen, wenngleich dort wie auch in der Schweiz die Begriffe eher zurückhaltend verwendet wurden.

2.3.1 Körperliche Behinderung als Förderschwerpunkt ›körperliche und motorische Entwicklung‹

Eine für die Sonderpädagogik über Jahrzehnte einflussreiche Definition von Körperbehinderung ist im Gutachten des Deutschen Bildungsrats nachzulesen:

> »Körperbehindert ist, wer in Folge einer Schädigung der Stütz- und Bewegungsorgane in seiner Daseinsgestaltung so stark beeinträchtigt ist, dass er jene Verhaltensweisen, die von Mitgliedern seiner wichtigsten Bezugsgruppen in der Regel erwartet werden, nicht oder nur unter außergewöhnlichen individuellen und sozialen Bedingungen erlernen bzw. zeigen kann und daher zu einer langfristigen schädigungsspezifisch-individuellen Interpretation wichtiger sozialer Rollen finden muss« (Schönberger 1974, 209).

Eine im Gegensatz zu jener des Deutschen Bildungsrates die soziale Umwelt mit einschließende Definition von Körperbehinderungen findet sich bei Boenisch (2017, 159), der körperliche Behinderungen einschließlich chronischer und progredienter Erkrankungen als »Dispositionen menschlicher Variabilität« beschreibt, entlang derer sich als solche adressierte Menschen seit der Frühgeschichte »zwischen individueller Anpassung an die physikalischen Bedingungen der Welt und dem Umgang einer Gesellschaft mit Körperbehinderungen« bewegen.

2.3 Begriffe mit heilpädagogischen und integrationspädagogischen Wurzeln

2.3.2 Geistige Behinderung als Förderschwerpunkt ›geistige Entwicklung‹

Seit der Gründung der Elternvereinigung »Hilfe für das geistig behinderte Kind« in den späten 1950er Jahren in Deutschland setzte sich ›geistige Behinderung‹ auch als Kategorie im pädagogischen Sprachgebrauch durch. Von Heinz Bach wurde der Begriff folgendermaßen definiert:

»Als geistigbehindert gelten Personen, deren Lernverhalten wesentlich hinter der auf das Lebensalter bezogenen Erwartung zurückbleibt und durch ein dauerndes Vorherrschen des anschauend-vollziehenden Aufnehmens, Verarbeitens und Speicherns von Lerninhalten und eine Konzentration des Lernfeldes auf direkte Bedürfnisbefriedigung gekennzeichnet ist, was sich in der Regel bei einem Intelligenzquotienten von unter 55/60 findet. Geistigbehinderte sind zugleich im sprachlichen, emotionalen und motorischen Bereich beeinträchtigt und bedürfen dauernd umfänglicher pädagogischer Maßnahmen. Auch extrem Behinderte gehören – ohne untere Grenze – zum Personenkreis« (Bach 1977, 92).

Der Begriff geistige Behinderung wird in fachlichen Kontexten nach wie vor verwendet, obwohl er von damit bezeichneten Personen als zutiefst diskreditierend empfunden wird. Alternativ dazu findet sich auch der Begriff ›intellektuelle Behinderung‹ entsprechend dem Begriff ›intellectual disabilitiy‹, der in den USA den vorherigen heute ebenfalls hochgradig diskriminierenden Begriff ›mental retardation‹ abgelöst hat. Die American Association of Intellectual and Development Disabilities (AAIDD) definiert ›intellektuelle Behinderung‹ wie folgt: »Intellectual disability is a disability characterized by significant limitations in both intellectual functioning and in adaptive behavior, which covers many everyday social and practical skills. This disability originates before the age of 18« (Schalock et al. 2010, 1).

Aufgrund öffentlichkeitswirksamer Kampagnen wurde in Großbritannien bereits in den 1990er Jahren der Begriff ›mental retardation‹ im Sprachgebrauch der Medien zurückgedrängt und durch den Begriff ›people with learning difficulties‹ ersetzt. Im fachlichen Sprachgebrauch findet sich der Begriff ›persons with learning disabilities‹ für diese Gruppe in Großbritannien. Mitglieder von Selbstvertretungsgruppen bezeichnen sich als ›Menschen mit Lernschwierigkeiten‹ und wählen damit einen gegenwärtig weniger diskriminierend wirkenden Begriff zur Bezeichnung dieser Personengruppe. Auch in Fachpublikationen wird dieser Begriff zunehmend mit der Begründung gewählt, dass die angesprochenen Personengruppen sich dafür entscheiden (vgl. Kremsner 2017, 15).

2.3.3 Komplexe Behinderungen

Die Kultusministerkonferenz schreibt in ihrer Empfehlung, bei einer Mehrfachbehinderung sei »von besonders umfänglichen körperlichen, motorischen und zusätzlichen Beeinträchtigungen auszugehen« (KMK 2000d, 100) und die Beeinträchtigung könne alle Entwicklungsbereiche umfassen, sodass es gleichermaßen um Förderung basaler Fähigkeiten gehe (vgl. KMK 2000c, 268).

Mehrfachbehinderung, Intensivbehinderung, multiple und schwerste Behinderung werden in der Literatur mitunter bedeutungsgleich verwendet. Schaut man sich die einzelnen Beschreibungen aus dem Bereich der Sonderpädagogik an, sind Unterschiede festzustellen, die erkennen lassen, dass ähnliche, aber nicht identische Personengruppen adressiert werden. (Vermeintlich) fehlende Handlungsfähigkeit und extreme Abhängigkeit werden als Merkmale schwerster Behinderung beschrieben (vgl. Fröhlich 1991). Fornefeld (2008, 10) sieht ›komplexe Behinderung‹ nicht als eine neue Klassifikation von Behinderung, sondern verwendet den Begriff als »Bezeichnung einer von Missachtung und Aussonderung bedrohten Personengruppe«. Als die angeblich ›leistungsschwächsten‹ Personen würden sie innerhalb des Gesamtsystems leicht übersehen (vgl.). Fornefeld verweist somit durch ihre Begriffswahl dementsprechend auf den Einfluss äußerer Gegebenheiten, die neben medizinischen und körperbedingten Faktoren dazu führen, dass (komplex) behinderte Personen überhaupt erst behindert werden.

2.3 Begriffe mit heilpädagogischen und integrationspädagogischen Wurzeln

Nachfolgend werden unter dem Begriff ›komplexe Behinderung‹ alle genannten Bezeichnungen subsumiert.

2.3.4 Kritik der sonderpädagogischen Klassifikationen

Wenn wir die Entwicklung sonderpädagogischer Begriffssysteme in den vergangenen Jahrzehnten betrachten, stellen wir eine Verschiebung vom Fokus auf Behinderungsformen hin zu einer Ausrichtung an Förderschwerpunkten fest. Es stellt sich die Frage nach den Triebkräften dieser Entwicklung. Nach Hedderich (2006, 54f.) war der Wechsel von der Klassifizierung von Behinderungsformen zur Beschreibung von Förderschwerpunkten Folge eines fachlichen Umdenkens. Es ist ein Wegrücken von der Benennung von Defiziten hin zur Bezugnahme auf und Orientierung an Kompetenzen und Ressourcen. Dies ist in den vergangenen Jahrzehnten zur dominierenden Position von sonderpädagogischen Zugängen geworden. Hier findet sich insofern eine Parallele zur Inklusiven Pädagogik, als die Abwendung von Defiziten und die Hinwendung zu den Ressourcen von Menschen auch das Denken einer Inklusiven Pädagogik leitet.

Das Fach Sonderpädagogik hat in den vergangenen Jahrzehnten strikt zwischen den Fachrichtungen ›Körperbehindertenpädagogik‹ und ›Geistigbehindertenpädagogik‹ unterschieden. ›Schwerstbehindertenpädagogik‹ entstand spät und wurde den beiden anderen Fachrichtungen gleichermaßen zugeordnet. Als Folge des medizinischen Fortschritts überlebten in den vergangenen Jahrzehnten sehr viel mehr Kinder mit sehr komplexen Beeinträchtigungen die postnatale Entwicklungsphase und erreichten das schulpflichtige Alter; dazu kommen Schüler:innen, die z. B. in Folge eines Unfalls eine komplexe Beeinträchtigung erwerben. Ab den 1970er Jahren wurde folglich eine ›Pädagogik bei schwerster Behinderung‹ und entsprechende Konzepte für die Schule entworfen (vgl. Fröhlich 1991). Damit einhergehend wurden aber Unterscheidungen zwischen ›Körperbehindertenpädagogik‹, ›Geistigbehindertenpädagogik‹ und ›Schwerbehindertenpädagogik‹ als sonderpädagogische Subdisziplinen zunehmend fragwürdig, denn die den entsprechenden Fachrichtungen zugeordneten Sonderschulen und spezialisierten Zentren wiesen häufig die gleiche Schüler:innenklientel auf. Verstärkt wurde diese Entwicklung durch den Umstand, dass Schüler:innen mit weniger komplexen Beeinträchtigungen zunehmend in integrativen Klassen aufgenommen wurden.

Interessant ist die Entwicklung der Quote der Zuschreibungen der Förderschwerpunkte ›geistige Entwicklung‹ (vgl. KMK 2000c) und ›körperliche und motorische Entwicklung‹ in Deutschland. Hier ist ein deutlicher Anstieg festzustellen: Während in den 1970er Jahren der Deutsche Bildungsrat noch von einer Quote von 0,6 % der Schüler:innen mit ›geistiger Behinderung‹ und von 0,3 % mit einer ›körperlichen Behinderung‹ ausging, waren 40 Jahre später diese Quoten deutlich gestiegen. Nach den Statistiken der deutschen Kultusministerkonferenz betrug der Anteil von Schüler:innen mit dem Förderschwerpunkt ›körperliche und motorische Entwicklung‹ im Schuljahr 2011/12 0,5 % der Kinder im schulpflichtigen Alter. Beim Förderschwerpunkt ›geistige Entwicklung‹ waren es sogar 1,1 %. Die gesamte Kohorte der diesen beiden Förderschwerpunkten in Deutschland zugewiesenen Schüler:innen stieg also von 0,9 auf 1,6 % (vgl. Biewer 2017, 472ff.). Zahlen aus Österreich und der Schweiz liegen insofern nicht zum Vergleich vor, als für die Aufsplittung in Förderschwerpunkte dort teilweise andere Begriffe verwendet werden.

Im Jahre 2011 erfolgte ein Beschluss der deutschen Kultusministerkonferenz mit dem Titel ›Inklusive Bildung von Kindern und Jugendlichen mit Behinderungen in Schulen‹. Er endet mit dem Vermerk, dass der Beschluss an den Empfehlungen von 1994 anknüpft und dass die Empfehlungen zu den einzelnen Förderschwerpunkten nach wie vor gelten, soweit sie dem neuen Beschluss nicht widersprechen (vgl. KMK 2011, 23). Konkret bedeutet dies, dass die begrifflichen Bezeichnungen für die Schulsysteme der deutschen Bundesländer auch unter der Perspektive inklusiver Bildung weitergeführt werden. Aus der Perspektive einer Inklusiven Pädagogik

2.3 Begriffe mit heilpädagogischen und integrationspädagogischen Wurzeln

ist hier auf einen deutlichen Widerspruch zu verweisen: Demnach kann ein inklusives System unter Beibehaltung sonderpädagogischer Subsysteme sachlogisch nicht argumentiert werden. Ein solcher Ansatz entspricht vielmehr einer integrativen Pädagogik. Klassifizierungen im pädagogischen Bereich verwiesen bis zu den 1980er Jahren häufig auf als negativ wahrgenommene Defizite. Aktuell sind es eher Besonderheiten oder Unterstützungsbedarfe, auf die hingewiesen wird, denn sie können der Legitimierung zusätzlicher Ressourcen dienen. Ein negativer Beigeschmack bleibt aber erhalten: Klassifizierungen werden von Vertreter:innen einer Inklusiven Pädagogik auch als Etikettierungen bezeichnet, um durch den Fokus auf einzelne Merkmale und/oder Eigenschaften auf den sich dahinter verbergenden entmenschlichenden Mechanismus zu verweisen. Unter dem Begriff ›Etikettierungs-Ressourcen-Dilemma‹ oder auch ›Bedarfs-Angebots-Junktim‹ (vgl. Wocken 2011, 13ff.) wird bereits seit den 1980er Jahren in der Integrationsdebatte der Umstand bezeichnet, dass Zuschreibungen von Behinderungen oder Bedarfen zu einem Mehr an personalen Ressourcen führen. Als Folge davon steigt auch der Anteil der entsprechend klassifizierten bzw. etikettierten Schüler:innen, denn deren Klassifikation wird benötigt, um eine bessere personale Ausstattung zu erreichen (vgl. Wocken 2011, 14f.).

Klassifikationen dienen aber auch dazu, Schüler:innen einem spezifischen Lehrplan zuzuordnen. Dies wiederum kann dazu führen, dass es zu veränderten Bewertungsmaßstäben kommt. In den deutschsprachigen Ländern ist diese Praxis in der schulischen Integration seit Jahrzehnten üblich. Gerade weil Inklusion sich auch am gemeinsamen Lerngegenstand vollziehen soll, kann der Umstand, dass Schüler:innen aufgrund ihrer Förderschwerpunktszuschreibung nach einem anderen Lehrplan unterrichtet werden, als jenes Dilemma betrachtet werden, das die Inklusive Pädagogik zu überwinden sucht (vgl. Norwich 2008).

2.4 Begrifflichkeiten auf der Basis der WHO-FIC

Wenn die WHO von einer Familie von Internationalen Klassifikationen (im Englischen ›Family of International Classifications (WHO-FIC)‹) spricht, meint sie hiermit den Verbund aus drei separat voneinander entstandenen Klassifikationen, die sie aber in der weiteren Entwicklung stärker miteinander verschränken möchte. Dies sind die ›International Classification of Diseases (ICD)‹, die ›International Classification of Functioning, Disability and Health (ICF)‹ und die ›International Statistics of Health Interventions (ICHI)‹.

Tab. 2.3: Familie der internationalen Klassifikationen der WHO

Family of International Classifications – WHO-FIC	
ICD	International Classification of Diseases
ICF (CY)	International Classification of Functioning, Disability and Health (Children and Youth)
ICHI	International Statistics of Health Interventions

Die ICD ist die älteste der WHO-Klassifikationen und ging aus den Versuchen hervor, bereits vor ca. 120 Jahren Todesursachen aufzulisten und in ihrer Häufigkeitsverteilung darzustellen. Die ICF wurde 2001 von der Vollversammlung der WHO beschlossen und 2007 um eine Version mit spezifischem Fokus auf Kinder und Jugendliche ergänzt (ICF-CY). Die ICHI wiederum ist die jüngste der Klassifikationen und umfasst Behandlungen, Diagnosen und Therapien.

2.4.1 Die ICD als Klassifikation der Krankheiten

Die ICD, die ›International Classification of Diseases‹, ist aufgrund von ersten Versuchen entstanden, die Sterbeursachen von Men-

2.4 Begrifflichkeiten auf der Basis der WHO-FIC

schen am Ende des 19. Jahrhunderts systematisch nach Häufigkeiten zu erfassen und zu beschreiben. Die erste Version erschien im Jahre 1900 und wurde danach im Abstand von ca. zehn bis 20 Jahren jeweils durch eine modifizierte Version ersetzt. Die gegenwärtig in den deutschsprachigen Ländern noch gültige Fassung ist die im Jahre 1990 erstmals veröffentliche zehnte Version mit dem Titel ›International Classification of Diseases and Related Health Problems‹. Die derzeit gültige Fassung heißt in deutscher Übersetzung ›Internationale statistische Klassifikation der Krankheiten und verwandter Gesundheitsprobleme‹ und wurde letztmalig 2019 aktualisiert (vgl. WHO & DIMDI 2019). Nach rund zehnjähriger Vorbereitungszeit wurde im Juni 2018 die elfte Version mit dem Titel ›ICD 11 for Mortality and Morbidity Statistics‹ präsentiert (vgl. WHO 2018). Der Untertitel verweist auf die frühen Ursprünge der Klassifikation in der Zuordnung von Todesursachen. Die ICD 11 wurde 2019 von der Generalversammlung der WHO für eine Anwendung ab 2022 beschlossen und wird damit für längere Zeit das ›geltende‹ Klassifikationsinstrument darstellen.

Sie ist noch nicht ins Deutsche übertragen und die englischsprachige Version ist nur in einer Internetversion zugänglich. Während die ICD 10 vollständig als Druckfassung vorliegt, hat die elfte Version eine Struktur, die zum Teil nicht mehr in ein Druckformat umsetzbar ist. Der erste Band ist ein systematisches Verzeichnis zu Inhalten, Struktur und Konzeption. Der zweite Band ist ein Regelwerk insbesondere zur Morbiditätsverschlüsselung, während der dritte Band als alphabetisches Verzeichnis, mit Suchfunktion, konzipiert ist und aufgrund dieser Vorgabe nur noch als elektronisches Tool verwendet werden kann.

Mit der ICD 11 verändert sich der Präsentationsmodus der Klassifikation der Krankheiten gegenwärtig von einem Buch, das in den vorausgegangenen Versionen mit der Beschlussfassung durch die WHO eine feste Form erhalten hatte, hin zu einem elektronischen Tool, das in permanenter Veränderung steht. Dabei wirken Expert:innen und Anwender:innen der Klassifikation zusammen.

Auch wenn für die deutschsprachigen Länder nach wie vor die ICD 10 gültig ist, so soll nachfolgend auf die ICD 11 Bezug genommen werden und dabei die Frage nach den Bezügen zur motorischen und kognitiven Entwicklung gestellt werden. Alphanumerische Codes sind dort langfristig festgelegt und über Online-Links abrufbar.[1] Für unsere Thematik relevante Codes finden sich unter anderem in den Kapiteln 06 (z. B. ›mental, behavioural or neurodevelopmental disorders‹), 08 (z. B. ›diseases of the nervous system‹) und 20 (z. B. ›developmental anomalies‹).

Auch die in Kapitel 2.2 (▶ Kap. 2) genannten medizinisch begründeten Begriffe der cerebralen Bewegungsstörungen, progredienten Erkrankungen, Chromosomenabweichungen, Anfallskrankheiten und der Autismus-Spektrum-Störung korrespondieren mit Beschreibungen der ICD. Die verschiedenen Formen der Autismus-Spektrum-Störung sind im Kapitel 06 beschrieben. Es finden sich im Kapitel 08 unter dem Code ›8D20 spastic cerebral palsy‹ weitere Unterteilungen wie einseitige (8D20.0) und zweiseitige Formen (8D20.1). Aber auch die Duchenne-Muskeldystrophie und Epilepsien sind in diesem Kapitel aufzufinden. Die Trisomien 21, 13 und 18 finden sich in Kapitel 20 unter den Entwicklungsanomalien.

Es ist hier zu berücksichtigen, dass es sich um eine Klassifikation von ›Krankheiten‹ handelt. Dass auch ›Beeinträchtigungen‹ hier unter der großen Überschrift der ›Krankheiten‹ subsummiert werden, ist ebenso zu kritisieren wie die Tatsache, dass alle älteren und viele jüngeren Darstellungen einer Pädagogik bei ›geistiger‹ und ›körperlicher Behinderung‹ sich selbstverständlich und unreflektiert an diesen Begriffen orientieren. An letztgenanntem Aspekt kann gezeigt werden, wie wenig es dem Fachgebiet gelungen ist, sich von traditionellen medizinischen Grundlagen zu lösen.

---

1 vgl. https://icd.who.int/browse11/l-m/en.

2.4.2 Die ICF-CY als universal einsetzbare Sprache

Die ›International Classification of Functioning, Disability and Health (ICF)‹ der WHO wurde 2001 von der WHO beschlossen und 2007 um eine Version für Kinder und Jugendliche (›Children and Youth‹, kurz: CY) ergänzt (ICF-CY). Die ICF-CY hat neben den Codes der ICF weitere aufgenommen, die sich speziell auf die Situation von Kindern und Jugendlichen beziehen. Die ICF besteht aus insgesamt 5 Komponenten:

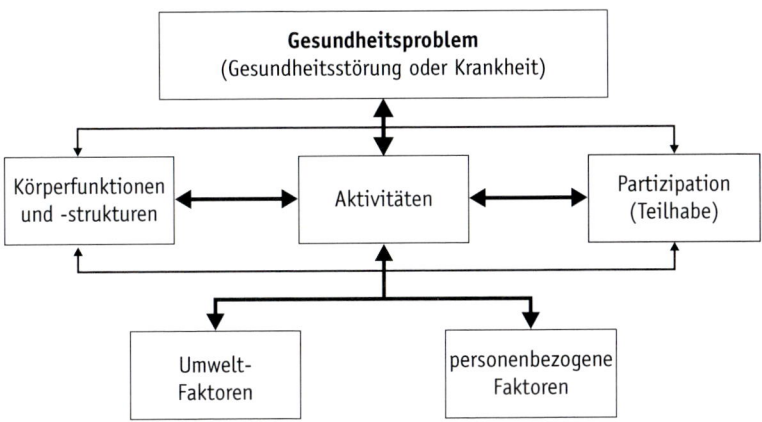

Abb. 2.1 Komponenten der ICF

Die ICF geht vom so genannten ›bio-psycho-sozialen Modell von Behinderung‹ aus, nach dem Behinderung sich als Zusammenspiel biologischer Ursachen, aber eben auch psychologischer und sozialer Faktoren beschreiben lässt. Sie hat den Anspruch, nicht Menschen in ihrer Gesamtheit bzw. ausschließlich bezogen auf einzelne (medizinische) Aspekte zu klassifizieren, sondern Situationen, in denen sich Behinderungen manifestieren. Im Sinne der ICF-CY können dementsprechend Körperfunktionen und Körperstrukturen im Sinne einer organischen Ursache geschädigt sein, wohingegen Aktivitäten und Partizipation bzw. Teilhabemöglichkeiten als soziale bzw. umweltbedingte Aspekte eingeschränkt sein können. Inwieweit die Entwicklung von Kindern und Jugendlichen dadurch behindert wird, hängt von den Umweltfaktoren ab, in denen die betroffene Person lebt, aber auch von Besonderheiten, die mit jener Person verbunden sein können. Die Anwendung der ICF gestaltet sich als komplexes Verfahren; dazu gibt es mittlerweile viel Literatur. In Studienbüchern zur Inklusiven Pädagogik ist die Verwendung in Grundzügen (vgl. Biewer, Proyer & Kremsner 2019) oder auch detailliert (vgl. Biewer 2017) dargestellt. Nach Beschluss der Endfassung der ICF gab es im pädagogischen Bereich Vorschläge, sie auf dieses Feld zu übertragen. Von Hedderich (2006) stammt etwa ein Versuch, sie für eine Definition von körperlicher Behinderung zu nutzen. In Anlehnung an die ICF kann eine körperliche Beeinträchtigung wie folgt definiert werden:

»Körperbehinderung ist ein Beschreibungsmerkmal für einen Menschen, der infolge einer Schädigung des Stütz- und Bewegungsapparates, einer anderen organischen Schädigung oder einer chronischen Erkrankung in seiner Bewegungsfähigkeit und der Durchführung von Aktivitäten dauerhaft oder überwindbar beeinträchtigt ist, sodass die Teilhabe an Lebensbereichen bzw. -situationen als erschwert erlebt wird« (Hedderich 2006, 24).

Diese Definition verwendet die Komponenten der ICF, allerdings im Kontext sonderpädagogischer Kategorisierung.

Schädigungen des Stütz- und Bewegungsapparats, wie sie in der Definition von Hedderich angesprochen sind, finden sich etwa in Kapitel 7 der Klassifikation der Körperstrukturen in der ICF-CY (WHO 2011, 154–158). Dort sind die mit Bewegung in Zusammenhang stehenden Strukturen genannt.

Übertragen auf den für das vorliegende Studienbuch relevanten Themenbereich bedeutet eine Bezugnahme auf die ICF, dass Beeinträchtigungen der motorischen und kognitiven Entwicklung auch körperliche Strukturen und Funktionen umfassen. Diese in ihren Grundzügen zu kennen, ist für die pädagogische Arbeit hilfreich. Dabei ist allerdings zu beachten, dass körperliche Strukturen und Funktionen nie als einzige Grundlage für pädagogisches Handeln

2.4 Begrifflichkeiten auf der Basis der WHO-FIC

herangezogen werden sollten, denn zentral dafür muss immer das konkrete Individuum in seinem sozialen und kulturellen Umfeld und seiner je spezifischen Situation bleiben – und zwar unabhängig davon, welche medizinische(n) Diagnose(n) bezüglich körperlicher Strukturen und Funktionen an eine Person gestellt wurden. Diese Aspekte werden mit dem Verweis auf die Teilhabe an Lebensbereichen und -situationen in der obigen Definition von Hedderich angesprochen.

Tools zur leichteren Anwendung der ICF wurden international in den vergangenen Jahren zunehmend entwickelt. Das staatliche Schulsystem Portugals war eines der ersten, das sich bereits ab dem Jahr 2008 an der Systematik der ICF für die Beschreibung von Problemlagen behinderter Kinder im Schulsektor orientierte (vgl. Sanches-Ferreira, Simeonsson, Silveira-Maia & Alves, 2014). Aktuell zeichnet sich auch im deutschsprachigen Raum eine Tendenz zur Anwendung der ICF im Kontext der Erstellung sonderpädagogischer Gutachten bzw. der Feststellung eines Förderbedarfs ab. Dies ist insofern naheliegend, als die Bezugnahme auf Aktivitäten sowie Partizipations- bzw. Teilhabemöglichkeiten pädagogische Implikationen nach sich ziehen kann. Vor diesem Hintergrund ist es für Lehrpersonen also ganz besonders lohnend, sich zumindest mit den Grundzügen der ICF auseinanderzusetzen.

Klassifizierungen nach der ICF-CY ermöglichen eine differenzierte Erfassung der Lebenssituation der einzelnen Kinder. Das hohe Maß an Komplexität bei der Beschreibung von Einzelfällen erschwert hingegen Aussagen über Gruppen von Schüler:innen und ist für statistische Abbildungen von Schüler:innenpopulationen zu komplex – mit der Folge, dass bei Berichten mitunter auf traditionelle Einteilungen in Anlehnung zu den sonderpädagogischen Kategorien zurückgegriffen wird.

Als Versuch, das s. g. ›medizinische‹ mit dem s. g. ›sozialen Modell von Behinderung‹ (zur Beschreibung der Modelle siehe u. a. Biewer, Proyer & Kremsner 2019) zu verbinden, betrachtet Hirschberg (2009, 15) die Klassifizierung der ICF. Ihrer detaillierten diskursanalytisch orientierten Untersuchung liegt die Hypothese zugrunde, »dass das Behinderungsverständnis der ICF dem medizinischen Modell von Behinderung immer noch nahesteht – trotz ihres Anspruches, einen biopsychosozialen Ansatz zu vertreten« (ebd., 16). Hirschberg stellt als Ergebnis fest, dass die WHO sich mit der ICF von einer medizinischen Interpretation von Behinderung zunehmend entfernt, allerdings ohne mit der defizitorientierten Ansicht zu brechen. Stattdessen werde das Spektrum der zu klassifizierenden Phänomene um die Beachtung der gesellschaftlichen Bedeutung von Behinderung erweitert (vgl. ebd., 309).

Hirschberg stellt sich auch die Frage, wie das Phänomen ›geistige Behinderung‹ in der ICF abgebildet sei (vgl. 258ff.). Dazu setzt sie sich mit unterschiedlichen Kategorien aus den Komponenten der körperlichen Strukturen und Funktionen, der Aktivitäten und Teilhabe und der Umweltfaktoren auseinander. Das Fazit sei, dass ›geistige Behinderung‹ ausschließlich auf der körperlichen Dimension verankert ist (vgl. 278). Das im Einleitungsteil propagierte Interaktionsverhältnis zwischen den verschiedenen Komponenten sieht sie im Klassifikationsteil nicht umgesetzt. In der engen Bindung an Körperfunktionen wirke es, als seien Aktivität, Partizipation und Umweltfaktoren zu wenig beachtet (ebd., 280).

Meyer (2004) setzt sich mit der ICF aus der Perspektive von Menschen mit Behinderung auseinander. Als positive Momente stellt sie fest, dass nicht Menschen klassifiziert werden, sondern die Situationen, in denen sie leben. Zudem wird der Versuch gewürdigt, diese in ihrer ganzen Komplexität zu erfassen (vgl. Meyer 2004, 87). Sie sieht positive Aspekte eines subjekt- und kompetenzorientierten Klassifizierens, formuliert allerdings auch die Kritik, dass damit auch »Abklassifizierungen« einhergehen können (vgl. 90).

2.5 Von ›Musterkrüppelchen‹ und ›Menschen mit Lernschwierigkeiten‹: Begriffe der Selbstvertretungsbewegung behinderter Menschen und der Disability Studies

Die Selbstvertretungsbewegung behinderter Menschen kann als politisch agierender Zusammenschluss behinderter Personen in so genannten DPOs (›Disabled People's Organisations‹) zum Zweck des Eintretens für die eigenen Rechte beschrieben werden. Diesen kommt eine tragende Rolle in der inhaltlichen Ausrichtung wissenschaftlicher Auseinandersetzungen zu. Hierbei handelt es sich um eine recht junge und vor allem emanzipatorisch ausgerichtete Entwicklung: Mit den späten 1960er- bzw. frühen 1970er-Jahren begannen behinderte Menschen, sich gegen die sie ausschließenden und unterdrückenden Gegebenheiten zu wehren (vgl. Schönwiese 2016). Dazu gehören auch die in Fachdiskursen und Alltagssprache verwendeten Begriffe, die als negativ etikettierend abgelehnt wurden und werden. Der »akademische Flügel der Bewegung« (Thomas 2004, 581) – behinderte Wissenschaftleri:nnen – forderte bald auch behinderungsbezogene Fragestellungen und Themen in der Forschung für sich ein. Der daraus entstandene Forschungsstrang ist auch als ›Disability Studies‹ bzw. jener mit explizitem Schulbezug als ›Disability Studies in Education‹ bekannt.

Den Disability Studies entstammen alternative Sichtweisen von Behinderung, und ihren Ausgangspunkt nehmen sie alle im sozialen Modell von Behinderung (vgl. zu den Grundlagen auch Biewer, Proyer & Kremsner 2019). Die Etablierung der Disability Studies nimmt maßgeblich Einfluss auf die in Fachdiskursen verwendeten Termini. Mike Oliver definiert ›disability‹ 1996 zum Beispiel in einem grundlegenden und nachfolgend vielzitierten Beitrag als »loss or limitation of opportunities to take part in the normal life of the community on an equal level with others due to physical and social barriers« (Oliver 1996, zit. nach Altman 2001, 105).

2 Grundlegende Begriffe und Systematiken

Die Behindertenbewegung war und ist auch im deutschsprachigen Raum parallel zu den Bewegungen des angloamerikanischen Raumes bereits aktiv (vgl. für Österreich Schönwiese, Plangger, Kremsner et al. o. J.; für Deutschland Köbsell 2012; für die Schweiz Graf, Renggli & Weisser 2011) und nimmt auf die akademische Wissensproduktion regen Einfluss. Es lässt sich belegen, dass bereits in den 1970er Jahren Vertreter:innen der Bewegung behinderter Menschen auf zwei unterschiedliche Aspekte ihrer Lebenssituation hinwiesen, die sie mit ›impairment‹ und mit ›disability‹ bezeichneten. ›Impairment‹, das als ›Schädigung‹ oder als ›Beeinträchtigung‹ ins Deutsche übersetzt werden kann, zielt auf den menschlichen Körper, der sehr variabel gestaltet sein kann. ›Disability‹ hingegen adressiert die Gesellschaft, welche Menschen in ihren Handlungsmöglichkeiten und in ihren Rechten behindert. Diese begriffliche Unterteilung ist grundlegend für die Disability Studies (vgl. Barnes & Mercer 2003). Grundgelegt ist die Unterscheidung zwischen Beeinträchtigung und Behinderung in den ›Fundamental Principles of Disability‹ der ›Union of the Physically Impaired against Segregation‹ (UPIAS) aus dem Jahre 1976. Dort heißt es:

> »In our view, it is society which disables physically impaired people. Disability is something imposed on top of our impairments, by the way we are unnecessarily isolated and excluded from full participation in society« (UPIAS 1976, 3f.).

Von den DPOs wird mit Nachdruck eingefordert, dass Bezeichnungen wie ›der:die Behinderte‹ oder auch ›die Behinderten‹ aufgrund ihrer stigmatisierenden Wirkung zu unterlassen sind: Bei solcherlei Bezeichnungen wird demzufolge ausschließlich die Zuschreibung eines Defizits in den Fokus gerückt und die dadurch bezeichnete Person verschwindet hinter der Stigmatisierung. Als weniger diskriminierend wahrgenommen werden Bezeichnungen, die die dadurch adressierten Menschen bzw. Personen mit in den Blick nehmen, wie dies beispielsweise bei den Formulierungen ›behinderte Personen‹ oder ›Menschen mit Behinderung‹ der Fall ist.

2.5 Von ›Musterkrüppelchen‹ und ›Menschen mit Lernschwierigkeiten‹

Im Bereich der aufgrund von Beeinträchtigung oftmals erschwerten motorischen Entwicklung wird gegenwärtig in Fachdiskursen wie auch in der Alltagssprache vor allem der Terminus ›Körperbehinderung‹ verwendet (▶ Kap. 2.3.1). Dieser Begriff ist auch in der Selbstvertretungsbewegung behinderter Menschen üblich, dennoch aber umstritten. Die Terminologie ›Menschen mit Körperbehinderungen‹ anstelle von ›(körper-)behinderten Personen‹ wird oft verwendet, trifft allerdings zunehmend auf Gegenwehr – insbesondere aus den Reihen der Behindertenbewegung bzw. den Disabled People's Organisations (DPOs). Shakespeare (2014, 19) fasst die Kritik an dieser Begriffswahl so: »The phrases ›people with disabilities‹ or worse ›people with physical disabilities‹ become unacceptable because they imply that ›disabilities‹ are individual deficits«. Der Autor plädiert klar für die Verwendung der Formulierung ›disabled persons‹. Behinderte Personen (engl.: disabled persons) sind damit Personen, welche durch die Gesellschaft in ihrer Entwicklung und Entfaltung behindert werden.

Zudem ist anzumerken, dass innerhalb der Behindertenbewegung – und nur innerhalb dieser! – der Begriff ›Krüppel‹ (▶ Kap. 2.1) eine emanzipatorisch umgedeutete Renaissance erfährt. Den Ausgang nimmt diese Umdeutung in der Behindertenbewegung, die die Terminologie bewusst zynisch und in aktionistischen Kontexten zuzuspitzen beginnt, wie die Illustration des ›Musterkrüppelchens‹ (vgl. Klee 1976) eindringlich zeigt. Mit Bezugnahme auf die aktuelle Verwendung des Begriffes heißt es auf der Medien und Redaktionen für behinderungsspezifische Themen sensibilisierenden Website leidmedien.de:

> »Behinderte Menschen als ›Krüppel‹ zu bezeichnen war bis in die erste Hälfte des 20. Jahrhunderts normal, gilt aber heute als sehr beleidigend. Einige behinderte Menschen haben sich diesen Begriff jedoch positiv angeeignet: Sie nennen sich selbst ›Krüppel‹, nicht abwertend, sondern selbstbewusst. Angelehnt ist diese Praxis an andere Minderheiten – homosexuelle Männer beispielsweise definierten die einstige Beleidigung ›schwul‹ erfolgreich um. Im Gegensatz zu ›schwul‹ ist ›Krüppel‹ aber noch kein neutraler

Begriff und kann (darf) positiv nur innerhalb der Gruppe behinderter Menschen verwendet werden.«[2]

Ein weiteres Beispiel für die emanzipatorische Aneignung dieses Begriffes ist der Zusammenschluss der Disability Studies mit den Queer Studies in Form der ›crip theory‹, welche einleitend etwa bei McRuer (2006) nachzulesen ist.

Abb. 2.2: Das »Musterkrüppelchen«; Illustration von Ernst Klee (1976)[3]

Im Gegensatz zur bereits beschriebenen Bewegung konstituierte sich die Selbstvertretungsbewegung von Menschen mit Lernschwierigkeiten im internationalen Vergleich spät (vgl. Schönwiese 2016). Für diese Personengruppe, der im Bereich der kognitiven Entwicklung erschwerte Bedingungen zugeschrieben werden, sind

---

2 vgl. https://leidmedien.de/begriffe/.
3 vgl. Bildquelle: https://www.archiv-behindertenbewegung.org/media/musterkrueppelchen.pdf

2.5 Von ›Musterkrüppelchen‹ und ›Menschen mit Lernschwierigkeiten‹

im aktuellen pädagogischen Diskurs nach wie vor die Begriffe ›geistige Behinderung‹ bzw. ›geistig behinderte Menschen‹ oder ›Menschen mit geistiger Behinderung‹ in Verwendung (▶ Kap. 2.3.2). Sie entstammen, wie oben bereits beschrieben, einerseits der Festlegung der Förderschwerpunkte im deutschen Schulsystem. Andererseits kommt dieser Begriffswahl spätestens mit der Gründung der ›Lebenshilfe für das geistig behinderte Kind e. V.‹ im Jahr 1958 in Marburg besondere Bedeutung zu (vgl. Zimpel 2017). Alternativ dazu und in kritischer Distanz zum ›Geist‹ eines Menschen verwendete Terminologien sind ›intellektuelle Beeinträchtigung‹ bzw. ›intellektuell beeinträchtigte Menschen‹/›Menschen mit intellektueller Beeinträchtigung‹ sowie ›kognitive Behinderung‹ bzw. ›kognitiv behinderte Menschen‹/›Menschen mit kognitiver Behinderung‹. Sämtliche dieser Begriffe werden allerdings von einem großen Teil jener Personen vehement abgelehnt, die dadurch adressiert werden. Akteur:innen der ebenfalls den DPOs zuzurechnenden so genannten Selbstvertretungs- oder auch People-First-Bewegung erklären dies so:

> »Ein Ziel von ›People First‹ ist es, den Begriff ›geistige Behinderung‹ abzuschaffen. Der Begriff ›geistige Behinderung‹ wertet uns ab und viele Personen trauen uns dadurch immer noch viel zu wenig zu. Denn wer hat das Recht, den Geist eines Menschen zu beurteilen? Nach was wird der Geist bemessen? Wer legt dafür die Messlatte an? Und wer kann das überhaupt?« (Göthling & Schirbort 2011, 61).

Anstelle dessen favorisieren sie für sich den Begriff ›Menschen mit Lernschwierigkeiten‹, der auch von den Autor:innen dieses Buches verwendet wird.

Trotz der soeben skizzierten Entwicklungen sind die Disability Studies und damit einhergehend ihr Plädoyer für diskriminierungs- und stigmatisierungsarme Begriffe im deutschsprachigen Raum vergleichsweise wenig verbreitet. Ein Grund dafür findet sich sicherlich in der Hegemonie der hierzulande traditionell verorteten Sonder- bzw. Heilpädagogik. Erst in jüngster Vergangenheit begann ein Prozess, der sich als eigenständig deutschsprachiger Beitrag zu den Disability Studies interpretieren und als ›Behinderungsforschung‹ – dem Versuch, den Begriff ›Disability Studies‹ mit eigener inhaltlicher Ausrichtung ins Deutsche zu übertragen – rahmen lässt. Aktuell befindet sich das ›Deutschsprachige Netzwerk der Disability Studies‹ in Gründung; zudem existiert ein Grundsatzpapier von Disability Studies Austria (DIStA), das auch den Begriff ›Behinderungsforschung‹ diskutiert.[4] Demnach ist Behinderungsforschung »auf Theorie (deduktiv) und gleichzeitig oder in Wechselwirkung auf Erfahrungen und Gegenstände (induktiv) bezogen. Behinderungsforschung ist der Versuch, Wissenschaft mit authentischen Positionen und Interessen von Menschen mit Behinderungen zu verbinden (partizipatorische Wissenschaft), entzieht sich damit bewusst nicht einer menschenrechtlich orientierten Parteinahme. Behinderung bezieht den dynamischen und relationalen auf Barrieren bezogenen Begriff von Behinderung, wie er in der UN-Behindertenrechtskonvention verwendet wird, mit ein. Behinderungsforschung sieht Menschenrechte historisch, als aus gesellschaftlichen Einigungsprozessen entstandene Regeln« (DiStA 2018, 2).

2.6 Zum Umgang Inklusiver Pädagogik mit vorhandenen Begriffen

Inklusive Pädagogik lehnt Etikettierungen und Klassifizierungen explizit ab und geht stattdessen von den Rechten vulnerabler und marginalisierter Menschen aus. Sie plädiert für deren Partizipation in allen Lebensbereichen und zielt auf eine strukturelle Veränderung der regulären Institutionen, um der Verschiedenheit der Voraussetzungen und Bedürfnisse aller Menschen gerecht zu werden

---

4 vgl. https://dista.uniability.org.

2.6 Zum Umgang Inklusiver Pädagogik mit vorhandenen Begriffen

(vgl. Biewer 2017, 204). Dementsprechend ist es in der Inklusiven Pädagogik keinesfalls relevant, welche exakte Bezeichnung für den somatischen Aspekt einer Beeinträchtigung gefunden werden kann, denn wichtig ist ausschließlich, wie sich der:die entsprechende Schüler:in innerhalb wie auch außerhalb von Schule und Unterricht bestmöglich entwickeln kann – und zwar unabhängig davon, ob und wie er:sie behindert wird oder nicht.

Aufgrund ihrer menschenrechtlichen Basis nimmt Inklusive Pädagogik Distanz zu der gängigen Praxis, Menschen bestimmten Kategorien zuzuordnen. Daraus ergibt sich das Problem, Erschwernisse des Bildungsprozesses zu explizieren und davon ausgehend Handlungsanleitungen entwickeln zu können. Verantwortlich handelnde Pädagog:innen sollten daher die gängigen Klassifikationen, ihre Stärken und Mängel bewerten sowie reflektiert und kritisch mit ihnen umgehen können.

Auch der Begriff ›Menschen mit Lernschwierigkeiten‹ bündelt die Bezeichnung einer Gruppe um den Hinweis auf ein Defizit und drückt damit ein generelles Dilemma der Begriffsfindung aus: Neue Begriffe haben zu Beginn einen weniger stigmatisierenden Charakter als die vorausgegangenen, können allerdings insbesondere in der Verwendung im Schulkontext auch verunsichern. Um dies an einem Beispiel zu skizzieren, greifen wir den in der Einleitung zu diesem Kapitel bereits genannten Begriff ›Neurodiversität‹ erneut auf. Dieser soll als neutraler Terminus stigmatisierende Begriffe ersetzen, läuft aber ob seines geringen Bekanntheits- und Bedeutungsgrades Gefahr, (noch) als verunsichernd und wenig ausdifferenziert zu wirken. Sobald sich solche Termini aber im Mainstream des Sprachgebrauchs zur Bezeichnung eines gesellschaftlich negativ besetzten Phänomens durchgesetzt haben, stehen auch sie in der Gefahr, mit Abwertung verknüpft zu werden, solange die bezeichnete Personengruppe nicht auf volle gesellschaftliche Anerkennung trifft.

Es stellt sich die Frage, ob eine Pädagogik, die von der Heterogenität der Schulklasse und der Wertschätzung von Vielfalt ausgeht, auf Klassifizierungen angewiesen ist oder auch darauf verzichten kann. Die Frage wurde vielfach diskutiert – mit widersprüchlichen Antworten. Die Verfasser:innen dieses Bandes plädieren für einen zurückhaltenden und reflektierten Umgang mit Klassifikationen, die Menschen Begriffen zuordnen. Die Entwicklung der Klassifikationsfamilien der WHO kommt diesem veränderten Zugang entgegen. Die ICF als Sprache zur Beschreibung von Situationen ermöglicht differenzierte Darstellungen; ein originär pädagogischer Umgang damit, gerade auch im Kontext Schule und Unterricht, wäre allerdings noch zu erarbeiten. Aus der Perspektive Inklusiver Pädagogik sind aber auch Vorbehalte anzumelden, die recht eng mit der Entstehungsgeschichte der ICF verbunden sind. Trotz des Anspruchs, eine Sprache zu sein, die in allen Fachgebieten anwendbar ist, sind die medizinischen Wurzeln nicht zu übersehen. Dem breit dimensionierten Bereich der Klassifikationen von Körperstrukturen und -funktionen stehen deutlich geringere Abschnitte über Aktivitäten und Teilhabe gegenüber. Der im Hinblick auf Inklusive Pädagogik wichtige Bereich der Umweltfaktoren ist eher knapp, wohingegen der für individuelle Bildungs- und Entwicklungsprozesse relevante Abschnitt der personenbezogenen Faktoren erst gar nicht mit Klassifikationsvorschlägen versehen wird. So kann festgestellt werden, dass es sich bei der ICF um eine Systematik handelt, die ihrem in der Einleitung formulierten Anspruch bislang (noch) nicht genügen kann.

Die elektronisch verfügbaren neuen Tools der WHO-FIC ermöglichen verschiedenartige Klassifizierungen, die bisherige kategoriale Festschreibungen zurückdrängen und auch neue entwickeln können. Die Umsetzung für den Bereich der Inklusiven Pädagogik und ihre Anwendung in inklusiven Schulen können auch im Rahmen der Digitalisierung zu neuen, möglicherweise weniger diskriminierenden Lösungen führen. Doch dies ist ein Prozess mit offenem Ausgang, welcher u. a. davon abhängig ist, welche Akteur:innen mit welchem Hintergrund und welchen Zielsetzungen involviert sind.

In pädagogischen Kontexten, insbesondere in jenen, die der Inklusiven Pädagogik zugeordnet sind, haben exakte medizinische Diagnosen kaum Bedeutung.

Die Ausrichtung einer interdisziplinär strukturierten Behinderungsforschung als sowohl theorie- wie auch erfahrungsgeleitete, partizipatorische, menschenrechtsorientierte und von dynamischen bzw. relationalen Behinderungsmodellen ausgehende Wissenschaft ist unmittelbar anschlussfähig an die Grundlagen Inklusiver Pädagogik, die im Band 1 dieser Buchreihe (vgl. Biewer, Proyer & Kremsner 2019) ausgearbeitet wurden. Dementsprechend versteht sich der in diesem Buch verfolgte Ansatz der Verfasser:innen als Behinderungsforschung in der Bildungs- bzw. Erziehungswissenschaft und insbesondere in der Lehrer:innenbildung und baut auf dem im ersten Band der Buchreihe entwickelten breiten Verständnis von Inklusiver Pädagogik auf. Von besonderer Bedeutung ist dabei die Abwendung von kategorialen Zuordnungen. Dies mit Bezugnahme auf das Handlungsfeld kognitive und motorische Entwicklung umzusetzen, wird eine der Herausforderungen des nachfolgenden Kapitels sein.

Weiterführende Literatur und Links

AAIDD – Definition von intellektueller Behinderung: http://aaidd.org/intellectual-disability/definition

Diskussionspapier Behinderungsforschung des Netzwerks Disability Studies Austria: https://dista.uniability.org/wp-content/uploads/2018/10/Behinderungsforschung-Diskussionstext-Version-02-10-2018.pdf

Forschung und Entwicklung zur ICF: https://www.icf-research-branch.org/

Leidmedien.de – Informationen für Medienschaffende und Redaktionen (insbesondere zu Begriffen im Kontext von Behinderung): https://leidmedien.de

Projekt »Geschichte der Behindertenbewegung«: http://bidok.uibk.ac.at/projekte/behindertenbewegung/geschichte.html

Society for Disability Studies (grundlegende Informationen zu den Disability Studies): http://disstudies.org/index.php/about-sds/mission-and-history/

WHO – ICD Website: https://www.who.int/classifications/icd/en/

WHO – ICF Website: https://www.who.int/classifications/icf/en/

WHO-FIC – Klassifikationen der WHO: https://www.who.int/classifications/en/

2 Grundlegende Begriffe und Systematiken

Fragen zur Diskussion

1. Die Nutzung von ›alten‹ Begrifflichkeiten (z. B. in Texten) birgt die Gefahr der Reproduktion von Diskriminierung und beinhaltet gleichzeitig einen über Jahrzehnte gewachsenen Wissensbestand. Wie kann diesem Dilemma begegnet werden?
2. Wie lassen sich die verschiedenen Modelle/Perspektiven von/auf Behinderung voneinander abgrenzen und wo sind ihre Gemeinsamkeiten? Unterscheiden Sie weiter zwischen vermeintlichen Stärken und Schwächen der einzelnen Zugänge. Nehmen Sie Bezug auf das medizinische Modell, das soziale Modell sowie den menschenrechtlich orientierten Zugang.
3. Versuchen Sie, das Dilemma der Selbsterhaltung der Professionen Sonder-, Heil- und Integrationspädagogik zu beschreiben!
4. Wie hat die ICF die Perspektive auf ›Behinderung‹ verändert?
5. Beschreiben Sie das Etikettierungs-Ressourcen-Dilemma an einem von Ihnen gewähltem Beispiel. Welchen Zusammenhang sehen Sie zur im Text angerissenen Kritik an verschiedenen Lehrplänen?
6. Inwiefern besteht ein Zusammenhang zwischen der flächendeckenden Einführung von kategorial ausgerichteten Sonderschulen und Gesellschaftssystemen? Warum?
7. Cerebrale Bewegungsstörungen, welche die körperliche Funktionsfähigkeit erheblich beeinträchtigen, können im Kontakt zur Umwelt sehr schnell zu Ausschlüssen und Zurückweisungen führen. Diskutieren Sie Auswirkungen insbesondere auf Menschen mit cerebralen Bewegungsstörungen, deren kognitive Entwicklung nicht beeinträchtigt ist! Berücksichtigen Sie die Komponenten der ICF in der Diskussion potentiell stigmatisierender Lebenssituationen!

8. Welche Bedeutung hat Bildung für behinderte Menschen angesichts begrenzter Lebenserwartung? Diskutieren Sie diese Frage anhand der Duchenne-Muskeldystrophie!

3

Pädagogisches Handeln

Worum es geht:
In diesem Kapitel wird zunächst ein Paradigmenwechsel skizziert, der sowohl die bildungs- und erziehungswissenschaftliche Theoriebildung als auch die pädagogische Praxis grundlegend beeinflusst hat: Wo bis vor wenigen Jahrzehnten noch davon ausgegangen wurde, dass behinderte Personen – insbesondere jene, die als Menschen mit Lernschwierigkeiten klassifiziert wurden und werden – nicht in der Lage sind, schulisch bzw. ganz allgemein gesellschaftlich teilhabe- und leistungsfähig zu sein, fokussiert sich die Pädagogik gegenwärtig darauf, Ressourcen bei *allen* Kindern und Jugendlichen zu entdecken, diese zu stärken und nutzbar zu machen. In weiterer Folge werden Kin-

der als Akteur:innen ihrer eigenen Entwicklung ins Zentrum gerückt, sodass darauf aufbauend Methoden des selbstorganisierten und selbstbestimmten Lernens für *alle* Kinder und damit auch jene, die in ihrer kognitiven und/oder motorischen Entwicklung behindert werden, vorgeschlagen werden können. Ein eigener Abschnitt widmet sich im Anschluss daran der Gestaltung inklusiver Lernumgebungen. Dabei muss gerade im Kontext kognitiver und motorischer Entwicklung jedoch auch eine Abgrenzung zwischen pädagogischen und pflegerischen Tätigkeiten erfolgen. In einem letzten Schritt wird auf alternative Formen der Kommunikation eingegangen.

3.1 Paradigmenwechsel: Von der Zuschreibung von Unvermögen zur Entdeckung von Ressourcen

In den vergangenen Jahrzehnten – seit dem Ende des 20. Jahrhunderts – lässt sich ein Paradigmenwechsel im Kontext des Umgangs mit und damit auch der Beschulung von behinderten Menschen feststellen. Dieser lässt sich grob formuliert durch die Schlagwörter *Exklusion*, *Segregation/Separation*, *Integration* und *Inklusion* beschreiben. Obwohl gerade auch in der Lehrer:innenbildung glücklicherweise vorausgesetzt werden kann, dass die Unterscheidung dieser Ansätze – auch anhand der nachfolgend dargestellten Grafik – mittlerweile bekannt ist, ist eine (wenn auch verkürzte) Skizzierung für die bessere Nachvollziehbarkeit der Entwicklungslinie von der Zuschreibung von Unvermögen hin zur Entdeckung von Ressourcen unumgänglich. Vorab zu betonen ist zudem, dass sich (wenn auch in quantitativen Verschiebungen im historischen Verlauf der Entwicklungslinien) nach wie vor alle vier Ansätze parallel

3 Pädagogisches Handeln

zueinander in den Schulsystemen im deutschsprachigen Raum finden lassen.

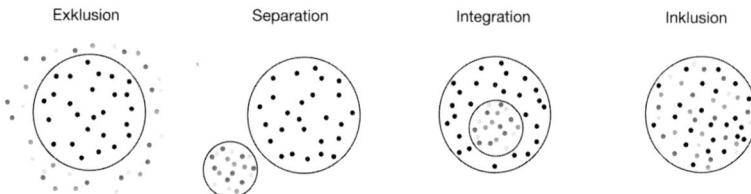

Abb. 3.1: Schematische Darstellung von Exklusion, Separation, Integration und Inklusion

Exklusion beschreibt Scholz zufolge ein Schulsystem, bei dem bestimmte Personen oder Gruppen (z. B. behinderte Menschen), die ganz bestimmte durch eine höhere Instanz mehr oder weniger willkürlich festgesetzte Voraussetzungen erfüllen oder nicht erfüllen, komplett von der Beschulung ausgeschlossen werden. Sowohl das Recht als auch die Möglichkeit an Bildung teilzuhaben, wird diesen Personen verwehrt. Der Begriff soll nicht nur den kategorischen Ausschluss, sondern explizit auch einen möglichen späteren Ausschluss innerhalb der Schullaufbahn ohne Erlaubnis zur Rückkehr ins Bildungssystem beschreiben (vgl. Scholz 2007, o. S.).

Segregation bzw. *Separation* zielt darauf ab, Schüler:innen nach bestimmten, vorab festgelegten Kriterien in unterschiedliche Gruppen aufzuteilen. Diese Trennung dient dem Zweck der künstlichen (Pseudo-)Harmonisierung von Lerngruppen – basierend auf der Annahme, dass Schüler:innen in möglichst homogenen Alters- und Schulleistungsgruppen optimale Lernvoraussetzungen haben. Ein segregierendes Schulsystem stellt für jede Form der Schulleistung eine eigene Institution bereit. Dies ist in der Sekundarstufe etwa an der Dreiteilung Sonderschule bzw. Förderschule – Mittelschule – Gymnasium erkennbar (vgl. ebd.). Mitzudenken ist hier, dass all diese Schultypen wiederum entlang unterschiedlicher Kategorisie-

3.1 Paradigmenwechsel

rungen ausdifferenziert werden: Sonderschulen sind unterschiedlichen Förderschwerpunkten oder Behinderungskategorien zugeordnet (für den vorliegenden Band bedeutsam sind sicherlich die Förderschwerpunkte ›geistige Entwicklung‹ und ›körperliche und motorische Entwicklung‹); hier kommen auch unterschiedliche Lehrpläne (z. B. jener der Allgemeinen Sonderschule oder jener für Schüler:innen mit ›erhöhtem Förderbedarf‹) zum Einsatz. Unterschiedliche Zuteilungen zu Lehrplänen können aber auch in Mittelschulen einzelnen Kindern zugeordnet werden. Diese haben oder hatten voneinander divergierende Klassenzüge (›Leistungsgruppen‹) bzw. greifen auf unterschiedliche Beurteilungssysteme zurück (z. B. in Form der ›grundlegenden‹ im Unterschied zur ›vertiefenden‹ Beurteilung). Gymnasien wiederum stehen als zusätzliche Schulform zur Verfügung, d. h. sie sind nicht mit dem Auftrag versehen, schulpflichtige Schüler:innen aufnehmen zu müssen. Dementsprechend können sie je nach Schwerpunktsetzung der jeweiligen Schule sowie entlang vorab festgelegter Aufnahmekriterien wie z. B. Schulnoten selbst darüber entscheiden, welche Schüler:innen aufgenommen werden und welche nicht.

Sowohl Exklusion als auch Segregation/Separation gehen in ihren Ansätzen und Haltungen davon aus, dass behinderte Schüler:innen und hier insbesondere Schüler:innen mit Lernschwierigkeiten nicht in der Lage sind, dem Regelunterricht zu folgen; ihnen wird ein ›Unvermögen‹ zugeschrieben, sich mit den Inhalten der Regelschule in ausreichendem Ausmaß auseinandersetzen zu können. Im exkludierenden Setting werden sie von der Beschulung vollständig ausgeschlossen, im segregierenden System werden für sie eigene, auf vermeintlicher Homogenisierung basierende Schulformen eingeführt. Mit den späten 1960er- bzw. frühen 1970er-Jahren regt sich jedoch Widerstand gegen diese Form der Beschulung (vgl. Prengel 1993; siehe auch Biewer, Proyer & Kremsner 2019), und es setzt allmählich ein Paradigmenwechsel ein, der weggeht von »einem defektorientierten funktionalistischen hin zu einem individualistisch subjektorientierten Förderverständnis und damit zu einem grundlegend veränderten Menschenbild. Dies wandelte sich folglich von abgrenzenden und abwertenden Einstellungen mit Tendenz zur Isolation hin zur Akzeptanz und Betonung der allen Menschen eigenen Gemeinsamkeiten und zur Tendenz der Integration von Randgruppen in eine pluralistische Gesellschaft« (Stöppler & Wachsmuth 2010, 15). Das spätestens in den 1970er-Jahren aufkeimende, bislang jedoch keineswegs vollständig umgesetzte Integrationsprinzip wird damit grundgelegt.

Integration zielt auf die gemeinsame Beschulung von behinderten und nicht-behinderten Kindern und Jugendlichen ab. Behinderte Schüler:innen können in integrativen Settings am Unterricht in Regelschulen (wenn auch mitunter mit divergierenden Lehrplänen) teilhaben, indem ihnen z. B. eine Stützlehrperson zur Seite gestellt wird oder sie spezialisierte Förderung erfahren. Für das Integrationsprinzip kann dementsprechend also festgehalten werden, dass es in sich die Haltung trägt, dass auch behinderte Kinder und Jugendliche über Ressourcen verfügen, die es zu entdecken und zu stärken gilt. Problematisiert werden kann daran, dass nun zwar versucht wird, Kinder und Jugendliche mit Behinderung soweit zu fördern, dass sie in ein allgemeines Bildungssystem passen – an diesem selbst werden jedoch keine wesentlichen Veränderungen vorgenommen (vgl. Heimlich 2016). Damit einhergehend ist auch die Tendenz festzustellen, dass vorwiegend diejenigen Kinder und Jugendlichen integriert werden, die »›integrationsfähig‹ sind, d. h. die kognitiven und sozialen Voraussetzungen für eine Teilhabe am Unterricht der allgemeinen Schulen mitbringen« (ebd., 121). Damit zusammenhängend ist eine mitunter hitzig geführte Debatte anzuführen, die als »Aussonderung der Aussonderung« (Feuser 2016) bezeichnet wird und sich v. a. um die Frage dreht, ob wirklich alle Schüler:innen in Regelschulen unterrichtet werden können oder eben auch nicht. Als dieser so genannte ›Rest‹ – so wird die ›nicht-integrierbare‹ Personengruppe in der genannten Debatte oftmals betitelt – wird zumeist »die Gruppe der als schwer/schwerst-mehrfach, komplex oder intensiv Geistigbehinderten und derer mit tiefgreifenden Entwicklungsstörungen« (ebd., 47) bezeichnet. Ein Festhalten am ›Unvermögen‹ zu integrierender Schüler:innen bleibt also zumindest bezogen auf diejenigen Personengruppen bestehen, denen die genannten Differenzkategorien zugeschrieben werden; sie stehen auch im Zentrum dieses Buches. Die Debatte um den ›Rest‹ der Integration bzw. Inklusion zieht sich auch im historisch nachfolgenden, sich mit allen anderen Beschulungsansätzen jedoch überlagernden, Inklusionsprinzip weiter.

Inklusion wiederum bezieht sich auf die strikte Ablehnung eines Zuschreibens von Unvermögen. Stattdessen wird beim Inklusionsprinzip davon ausgegangen, dass *alle* Kinder und Jugendliche über Ressourcen verfügen, die es in pädagogischen Settings zu entdecken und zu stärken gilt – und zwar unabhängig davon, ob sie behindert werden oder andere Formen der Benachteiligung erfahren, z. B. auf der Grundlage von Geschlecht, Migration, Flucht, ethnischer oder sozialer Herkunft u. ä. (vgl. hierzu und v. a. ausführlich zum Begriff Inklusion Biewer, Proyer & Kremsner 2019). Unter Berufung darauf, dass Personen behindert *werden* und nicht behindert *sind*, versteht sich Inklusion gleichsam als Gegenentwurf zu einer defizitorientieren Medikalisierung von Behinderung, die auch als medizinisches Modell von Behinderung bekannt ist (vgl. Biewer & Schütz 2016). In einer ernstgemeinten Umsetzung des Inklusionsprinzips geht es dann nicht mehr darum, Kinder und Jugendliche an Schulsysteme anzupassen, indem diese auf der Grundlage einer Einschätzung der erwartbaren Leistungsfähigkeit in (pseudo-)harmonisierten Lerngruppen gefördert werden. Vielmehr sind Schul(system)e und Unterricht so zu gestalten, dass alle Kinder und Jugendlichen unabhängig ihrer Hintergründe daran teilhaben können (vgl. Biewer 2017). Dementsprechend zu betonen ist die Ressourcenorientierung in diesem Ansatz.

Dass dieses Ziel noch lange nicht erreicht ist und sich in seiner Umsetzung durchaus deutliche Fallstricke zeigen, wird unter Bezugnahme aktueller bildungspolitischer wie auch bildungs- und erziehungswissenschaftlicher Auseinandersetzungen offensichtlich. Ein Argument, das in diesem Zusammenhang immer wieder angeführt wird, ist – wie bereits erwähnt – die Frage danach, ob es einen ›Rest‹ der Inklusion gibt; gemeint sind hier vorwiegend, wie im Integrationskonzept, Schüler:innen, die in ihrer kognitiven Entwicklung behindert werden oder jene, denen mehrfache oder sogenannte komplexe Behinderungen zugeschrieben werden. Ebenso diskutiert wird, ob und inwiefern es möglich ist, Inklusion als Vision in den bestehenden Schulsystemen umzusetzen. Dabei werden wiederholt auch neoliberal-wirtschaftliche Argumente, auch in Form einer strikten Leistungsorientierung, ins Treffen geführt, ebenso wie mit dem ›Wohl‹ behinderter Kinder in homogenen, ›peer‹-gerichteten Lerngruppen in segregierenden Settings argumentiert wird (vgl. Greenstein 2016). Festzuhalten bleibt, dass derlei Auseinandersetzungen erneut darauf verweisen, dass Exklusion wie auch Segregation als Beschulungs- sowie generell gesamtgesellschaftliche Ansätze keinesfalls als überwunden zu bezeichnen sind; die angeführten Argumentationen und damit verbundenen Implikationen verdeutlichen dies unmissverständlich. Unter Bezugnahme auf die Überschrift dieses Subkapitels kann dementsprechend die Schlussfolgerung gezogen werden, dass die Entdeckung von Ressourcen begonnen wurde. Diese jedoch umfassend in bildungspolitische Entscheidungen hinsichtlich der Ausgestaltung von Schulsystemen und Unterrichtssettings zu berücksichtigen, bleibt nach wie vor ausständig. Damit einher geht auch, dass ein Festhalten an segregierenden Settings, wie sie gegenwärtig weiterhin existieren, die Zuschreibung von Unvermögen (mitunter trotz anders lautender Policies) reproduziert und manifestiert.

3.2 Kinder und Jugendliche als Akteur:innen ihrer eigenen Entwicklung

Der im vorangegangenen Abschnitt skizzierte Paradigmenwechsel geht nicht nur einher mit der Entdeckung von Ressourcen, sondern auch der langsam erwachenden Anerkennung von Kindern

3.2 Kinder und Jugendliche als Akteur:innen ihrer eigenen Entwicklung

und Jugendlichen als Akteur:innen ihrer eigenen Entwicklung. Konkret bedeutet dies, dass Schüler:innen nicht nur passiv bleiben, indem ihnen Ressourcen von außen zugesprochen werden, sondern dass (endlich) ihre aktive Handlungsfähigkeit anerkannt wird: Als Akteur:innen ihrer selbst treten sie selbstständig und selbsttätig für ihr eigenes Wohl und ihre eigenen Interessen ein.

Um diesen Zweck zu erreichen, ist allerdings von bloßen Lippenbekenntnissen abzurücken, die oftmals in bildungspolitischen Policies und Leitbildern von Schulen wohlgemeinte Slogans ohne weiteren Inhalt hergeben: Schüler:innen – gerade auch jene, die in ihrer kognitiven und/oder motorischen Entwicklung behindert werden – sind dann mit Handlungsmacht auszustatten. Jemandem Macht (zurück) zu geben bedeutet aber auch, einen Teil der eigenen Macht aufzugeben. Und dies ist insbesondere aus der Perspektive der Inhaber:innen von Macht nicht immer leicht (vgl. Kremsner 2017).

Einen grundlegenden Rahmen für das Anerkennen und Zulassen solcherlei Machtverschiebungen – weg von der erziehenden (im wörtlichen Sinne) Rolle als Lehrperson hin zu einer ermöglichenden und selbstbestimmten Entwicklung – bietet die der Kritischen Theorie im Anschluss an Horkheimer, Adorno u. a. entstammende Kritische Pädagogik, die z. B. durch die Arbeit Paulo Freires (1973) bereits vor über 40 Jahren einen gewissen Bekanntheitsgrad erreichen konnte. In seiner *Pädagogik der Unterdrückten* kritisiert er das ›Bankiers-Konzept der Erziehung‹ scharf, das davon ausgeht, dass Erkenntnis eine Gabe sei,»die von denen, die sich selbst als Wissende betrachten, an die ausgeteilt wird, die nichts wissen« (Freire 1973, 58). Schulisches Lernen sei demnach starr und unflexibel; Schüler:innen werden in ihrer Selbsttätigkeit und ihrer Selbstwirksamkeit nicht wahr- und nicht ernstgenommen und als »anpassbare, beeinflussbare Wesen betrachtet« (ebd., 59).

Dies trifft – so könnte Freire erweitert werden, auch wenn er sich selbst nicht darauf bezieht – in besonderer Weise auf jene Schüler:innen zu, denen aufgrund der Zuschreibung von Behinderung möglicherweise sogar noch weniger zugetraut wird als nicht-

3 Pädagogisches Handeln

behinderten Kindern und Jugendlichen; insbesondere Menschen mit Lernschwierigkeiten wird unterstellt, das (ohnehin bereits curricular verminderte) ausgeteilte Wissen nicht aufnehmen zu können. Ganz im Sinne einer Inklusiven Pädagogik, wie sie auch in diesem Band verstanden und vertreten wird, macht Freire (1973) in seiner Pädagogik der Unterdrückten konkrete Veränderungsvorschläge – und bezieht sich darauf, dass alle Menschen Akteur:innen ihrer eigenen Entwicklung sind. Er schreibt:

>»In Wahrheit sind jedoch die Unterdrückten keinesfalls ›Randerscheinungen‹, keinesfalls Menschen, die ›außerhalb‹ der Gesellschaft leben. Sie waren schon immer ›innerhalb‹ – innerhalb der Struktur, die sie zu ›Wesen für ein Anderes‹ (vgl. Hegel) machte. Die Lösung besteht nicht darin, sie in der Struktur der Unterdrückung zu ›integrieren‹, sondern diese Struktur so zu verändern, dass sie ›Wesen für sich selbst‹ werden können« (ebd., 59).

Ziel von Schule und Unterricht müsse es demnach sein, *befreiende Erziehungsarbeit* zu leisten, bei der »der Lehrer nicht länger bloß der [ist], der lehrt, sondern einer, der selbst im Dialog mit den Schülern belehrt wird, die ihrerseits, während sie belehrt werden, auch lehren. So werden sie miteinander für einen Prozess verantwortlich, in dem alle wachsen« (ebd., 64 f.). Kinder und Jugendliche als selbsttätige und selbstwirksame Akteur:innen ihrer selbst anzuerkennen, bedeutet dann vor allem, von der eigenen Machtposition als Lehrperson abzurücken und sich als selbst Lernende:r zu begreifen, sodass Lehrer:innen von Schüler:innen lernen können und umgekehrt. Erst dieser Haltungs- und Paradigmenwechsel ermöglicht es, dass alle Schüler:innen (und Lehrer:innen) tatsächlich in sich und für sich selbst wachsen, lernen und sich entwickeln können. Das gilt für Schüler:innen, die in ihrer kognitiven und/oder motorischen Entwicklung behindert werden, ebenso wie für sogenannte nicht-behinderte Personen.

Wenngleich aus diesen kurzen Passagen bereits erkenntlich ist, wie sehr sich eine Bezugnahme auf die Pädagogik der Unterdrückten gerade auch in der Zusammenarbeit mit jenen Menschen lohnt, die in ihrer kognitiven und/oder motorischen Entwicklung

3.2 Kinder und Jugendliche als Akteur:innen ihrer eigenen Entwicklung

behindert werden, arbeitet Anat Greenstein (2016) dies in ihrem Werk ›Radical Inclusive Education‹ spezifisch heraus. Ausgangspunkt hierfür ist abermals die Haltung, dass Kinder und Jugendliche – auch jene, die behindert werden – als Akteur:innen ihrer eigenen Entwicklung in den Blick und ernst genommen werden müssen. Dabei bezieht sie neben Freire insbesondere auch die Forderungen der Selbstbestimmt-Leben-Bewegung bzw. Behindertenbewegung (zur grundlegenden Beschreibung dieser siehe Biewer, Proyer & Kremsner 2019) in ihre Überlegungen ein, die parallel zur Pädagogik der Unterdrückten ab den späten 1960er- bzw. frühen 1970er-Jahren als mitunter radikale soziale Bewegung tätig wurde. Greenstein (2016) bringt mehrere Beispiele zur konkreten Umsetzung der von ihr vorgeschlagenen »Radical Inclusive Education«. Eines davon wird nachfolgend exemplarisch dargestellt.

> **Beispiel: ›Die beste Schule der Welt‹**
> Greenstein (2016) schlägt die ›beste Schule der Welt‹ als Projekt vor, um Erfahrungen von Schüler:innen erarbeit- und diskutierbar zu machen und um Schüler:innen in ihren Empowerment-Prozessen zu unterstützen. Die ›beste Schule der Welt‹ ist als Workshopreihe angelegt und erarbeitet mit Hilfe vielfältiger Methoden (einschließlich Kunst, Handwerk, Fotografie, Schauspiel und Übungen zum Ordnen und Reihen einer Rangfolge) die Vorstellungen davon, wie die ›beste Schule der Welt‹ sein müsste – und lässt im Umkehrschluss auf die (positiven wie negativen) Erfahrungen von Schüler:innen schließen, um davon ausgehend Verbesserungen erzielen zu können. Die ›beste Schule der Welt‹ trägt damit auf direktem Wege zur Demokratisierung von Schule und Unterricht bei und schließt dementsprechend unmittelbar an die Kritische Pädagogik an. Als Ansatz im Sinne einer ›Radical Inclusive Education‹ eignet sich die ›beste Schule der Welt‹ insofern besonders gut, als mittels dieses Ansatzes eine Vielzahl an kognitiven Prozessen auf unterschiedliche Weise angeregt und nutzbar gemacht wird – Schüler:innen,

> die in ihrer kognitiven Entwicklung behindert werden, können hier also besonders gut partizipieren. Zudem werden im Zuge der gemeinsamen Wissensproduktion – das Ziel des Projektes ist es schließlich, möglichst viel Wissen über die ›beste Schule der Welt‹ in Erfahrung zu bringen – unterschiedliche Formen der Kommunikation eingefordert, sodass sich hier auch jene Personen, die Alternativen der oralen Sprache benutzen, ideal einbringen können. Außerdem bringt das Arbeiten mit einer Vielzahl an Methoden vielfältige Aspekte von Erfahrungen zu Tage, die in weiterer Folge diskutiert werden können.

Wie sehr die aus der Kritischen Pädagogik bzw. der Pädagogik der Unterdrückten resultierenden Forderungen auch auf den deutschsprachigen Raum übertragbar sind, lässt sich an der »Unterschriftenaktion zur Abschaffung von Sonderkindergärten und Sonderschulen« (IBN 1983) belegen, die bereits 1983 durch die österreichische Behindertenbewegung durchgeführt wurde. Im Begleittext zu dieser Aktion werden bereits sehr früh Forderungen gestellt, die (leider) teilweise auch noch gegenwärtig aktuell sind. Vor allem aber verweisen sie darauf, dass (nach wie vor) bestehende Strukturen Schüler:innen daran hindern, als Akteur:innen ihrer eigenen Entwicklung handlungsmächtig werden zu können. Dort heißt es:

> »Die Sonderschule grenzt Kinder voneinander ab, verhindert vielfältiges Lernen. Hören Sie zu, wie bereits Kinder der ›Normal‹-Schule über Sonderschulkinder reden. Mit welcher Distanz, Unsicherheit, Abwehr, Ignoranz und mit welchen Vorurteilen solchen ›Abweichenden‹ begegnet wird. Wer Kinder, die ›anders‹ sind, aussondert, verantwortet soziale Zerstörung. Die Kinder haben so keine Möglichkeit mehr, ›andere‹ Kinder beim Lernen, Spielen, Lachen, Weinen, Streiten, Blödeln usw. als gleichberechtigte Menschen kennenzulernen« (IBN 1983).

Insbesondere mit diesem letzten Satz aus dem Begleittext zur Unterschriftenaktion wird ersichtlich, wie sehr strukturelle Ausgrenzung dazu führt, ›gleichberechtigtes Kennenlernen‹ zu verhindern.

3.2 Kinder und Jugendliche als Akteur:innen ihrer eigenen Entwicklung

Aktuelle Schriften (und Forderungen), die auf die Kritische Pädagogik Bezug nehmen, finden sich in großer Fülle. Insbesondere dann, wenn nach dem Stichwort ›Demokratische Schule‹ gesucht wird, eröffnet sich eine Vielzahl an Beiträgen, die sich mit diesem Themenstrang auseinandersetzen. Deutlich weniger, dennoch aber ausreichend Treffer bringt eine solche Suche in Kombination mit dem Schlagwort ›Inklusive Pädagogik‹. Keiner der derart gefundenen Beiträge geht allerdings spezifisch auf Schüler:innen ein, die in ihrer kognitiven und/oder motorischen Entwicklung behindert werden. Dies ist auch nicht weiter verwunderlich, handelt es sich hierbei doch um einen allgemeinen, d.h. von Förderschwerpunkten und Klassifizierungen unabhängigen Zugang. Und dennoch eröffnen sich durch die Auseinandersetzung mit Kritischer Pädagogik Ansätze, die in einer inklusiven Schule und dementsprechend selbstverständlich auch in der Zusammenarbeit mit Schüler:innen, die in ihrer kognitiven und/oder motorischen Entwicklung behindert werden, sinnstiftend nutzbar gemacht werden können. Eine grundständige Zusammenschau inklusiver, demokratischer und kritischer Pädagogik – zu finden zum Beispiel in Hinz & Boban (2019) – kann ein Weiterdenken dazu anregen:

Tab. 3.1: Schlüsselprinzipien Kritischer, Inklusiver und Demokratischer Pädagogik (Hinz & Boban 2019 o. S.)

Inklusive Pädagogik	Demokratische Pädagogik	Kritische Pädagogik
»Alle heißt alle«: Jede:r ist willkommen in ihrem:seinem Umfeld mit genau ihren: seinen Voraussetzungen und Charakteristika und ist eingeladen zum Austausch über das gemeinsam Erfahrbare. ›Holistik‹ ist ein	**Dialogische Beziehungen:** Die zentrale Qualität im Miteinander innerhalb demokratischer Lerngemeinschaften bilden vom Dialog getragene Beziehungen. ›Ergebnisoffene‹ Gespräche stellen die Zielqualität von Beziehungen dar, vorgebliche Gewissheiten werden immer	**Dialog:** Es gilt, je einen sicheren Raum zu schaffen für offene Reflexion – das Erkennen *meiner* eigenen Sicht, *meiner* Position und meiner Stimme bei gleichzeitigem Willen, *andere* Standpunkte wahrzunehmen – *anderen* zuzuhören und je alternative Möglichkeiten des

Tab. 3.1: Schlüsselprinzipien Kritischer, Inklusiver und Demokratischer Pädagogik (Hinz & Boban 2019 o. S.) – Fortsetzung

Inklusive Pädagogik	Demokratische Pädagogik	Kritische Pädagogik
durchwirkendes Grundprinzip.	wieder hinterfragt, auch um Adultismus entgegenzutreten.	›in der Welt Seins‹ zu (er)kennen.
Lebensbereichernde Haltung: Wichtig ist die Entwicklung und Pflege einer vorurteilsbewussten, gewaltsensiblen, possibilistischen, chancen- und kompetenzorientierten Haltung; Selbstbestimmung dient der Kultur eines partizipatorischen Grundverständnisses in allen Prozessen und Bereichen.	**Democratic Community:** Die vielfältige Gemeinschaft mit unterschiedlichsten Lernkonstellationen ist die Basis der Bildung, indem sie demokratisch über alle anstehenden Fragen entscheidet und so gemeinsam Strukturen, Kulturen und Praktiken dieser Alltagsgemeinschaft gestaltet.	**Dialektik:** Generative Begriffe werden zum Aufbau eines Raums für das Einnehmen gegensätzlicher Blick- *und* Standpunkte und für die Klärung der Möglichkeiten genutzt, sich selbst und mit anderen für positive Veränderungen – gegen bestehende Beschränkungen – stark zu machen.
Unterstützung im Umfeld als Menschenrecht: Dem Menschenrecht auf angemessene Formen der Unterstützung zum Spielen, Lernen und Arbeiten in dem eigenen Feld sowie denen der Nachbarschaft und Kommune wird durch multidisziplinäre Kooperation entsprochen.	**Content Based Human Rights:** Jedes Individuum hat das Recht, im sozialen Kontext eigenen Fragen und Interessen nachzugehen und sich gleichzeitig den zentralen Fragen der Welt zu widmen. Die verantwortlichen Erwachsenen rücken auf der macht- und gesellschaftskritischen Basis der Menschenrechte die aktuellen, globalen wie lokalen Herausforderungen ins Blickfeld und geben Impulse, sich mit ihnen auseinanderzusetzen.	**Veränderungspraxis:** Ein machtkritischer Aktions-Reflexions-Aktions-Zyklus trägt bei zur Erweiterung von Perspektiven und Vertiefung von Positionen, zur Transformation des Selbst, der je individuellen Realität und des (Schul-)Systems, stets mit dem Ziel sozialer Gerechtigkeit, der Erhöhung von Partizipationsmöglichkeiten und Demokratie.

3.2 Kinder und Jugendliche als Akteur:innen ihrer eigenen Entwicklung

Tab. 3.1: Schlüsselprinzipien Kritischer, Inklusiver und Demokratischer Pädagogik (Hinz & Boban 2019 o. S.) – Fortsetzung

Inklusive Pädagogik	Demokratische Pädagogik	Kritische Pädagogik
Würdigung der Vielfalt: Es gilt, jedes Individuum in seiner Einmaligkeit anzuerkennen und die gemeinsamen wie die unterscheidenden Aspekte der Personen und ihrer Lebenssituationen wahrzunehmen und zur Geltung kommen zu lassen.	**Personalized Learning:** Lernen folgt nicht einer lehrplangemäßen oder wissenschaftsentlehnten Strukturierung, sondern ist verankert in persönlichen Interessen und Vorlieben im Sinne des pluralistischen Lernens, bei dem das vorhandene und sich ständig vergrößernde Weltwissen insgesamt relevant ist.	**Bewusstseinsarbeit:** Das Bewusstsein wird gestärkt, dass *ich* eine Stimme und das Recht darauf habe, gehört zu werden, dass *ich* wirkmächtig bin und etwas verändern kann, dass es auf *mich* ankommt und dass ich meine eigene Realität und die *anderer* (mit-)gestalten kann, da ich stets Teil eines ›Wir‹ bin und konstruktiv mit Unbestimmtheit umgehen kann.

Zusammenfassend festgehalten werden kann nun, dass die Positionen der Selbstbestimmt-Leben- bzw. Behindertenbewegung im Einklang mit einer Kritischen Pädagogik bzw. der Pädagogik der Unterdrückten Zugänge eröffnet und eingefordert haben, die behinderten Personen – insbesondere auch Schüler:innen – eine Stimme zu geben und sie als Akteur:innen ihrer eigenen Lernentwicklung zu betrachten vermögen. Da dies bislang immer noch nicht umgesetzt wurde, ergibt sich ein dringender Nachholbedarf. Zurückgegriffen werden kann dabei auf Konzepte, die bereits seit mehreren Jahrzehnten vorliegen, wie dieser Abschnitt aufzeigen wollte.

3.3 Gestaltung inklusiver Lernumgebungen

Das Nichtvorhandensein von Beschulung von Kindern und Jugendlichen mit Zuschreibungen von Behinderungen im Bereich der kognitiven und/oder motorischen Entwicklung ging aus historischer Sicht einher mit der Vorstellung fehlender ›Bildsamkeit‹ (vgl. Lelgemann 2015). Da keine Bildungsanstrengungen existierten, wurden Fragen nach geeigneten Lernumgebungen und passenden didaktischen Ansätzen gar nicht erst gestellt. Die Entdeckung der Bildbarkeit motorisch und/oder kognitiv beeinträchtigter Menschen zu Beginn des 19. Jahrhunderts war eng verbunden mit der Beschreibung passender Methoden (vgl. Ellger-Rüttgardt 2019; Möckel 2007, 93–133). Auch wenn es bereits erste Bildungseinrichtungen um die Mitte des 19. Jahrhunderts gab, so gelang ein flächendeckender Aufbau von Schulen für Kinder und Jugendliche mit Behinderungszuschreibungen erst mit dem Ausbau des Sonderschulsystems in den 1960er-Jahren und eine Aufnahme in integrative Klassen erst ab den 1970er- und 1980er-Jahren.

Parallel zur Etablierung der Sonderschule begann bald die Implementierung integrativer Bemühungen und Lehrentwürfe. Diese blieben lange Zeit noch eng mit therapeutischen, heilpädagogischen, rehabilitativen und/oder förderpädagogischen Ansätzen verzahnt (und bleiben dies mitunter bis heute, ▶ Kap. 3.5) und waren dementsprechend vorwiegend auf das Erlernen von Alltagskompetenzen fokussiert. Die Unterrichtsgestaltung orientierte sich zudem oft an der (medizinischen) Diagnosestellung und war weniger an den individuellen Bedürfnisse der jeweiligen Schüler:innen ausgerichtet (vgl. Leyendecker 2005).

Nach Moser Opitz (2014, 53) gilt es festzuhalten, dass »sich die deutschsprachige Sonderpädagogik, die für die Entwicklung der Inklusionspädagogik eine zentrale Rolle spielt, in den letzten Jahrzehnten nur vereinzelt mit Unterrichtsforschung befasst hat«. Die Diskussion über inklusive Beschulung einhergehend mit deren didaktischen Möglichkeiten und Grenzen steht noch am Anfang. Bis-

3.3 Gestaltung inklusiver Lernumgebungen

herige Lehrwerke, die sich der pädagogischen Begleitung und Gestaltung der Lernumgebung in inklusiven Settings widmen, fokussieren sich häufig auf die Grundschule (vgl. z. B. Flieger & Müller 2016). Das hängt u. a. damit zusammen, dass der Zugang zu Schulstufen darüber hinaus dieser Schülergruppe verwehrt blieb und bleibt. Als Konsequenz daraus blieb bzw. bleibt die Auseinandersetzung damit auf wenige lokale Beispiele reduziert (vgl. Reich 2017, Lelgemann et al. 2015), die wiederum sehr häufig durch eine hohe Ausstattung mit Ressourcen oder besondere wissenschaftliche Begleitung hervorstechen.

Die inklusive Didaktik ist in ihren Ausprägungen noch wenig übersichtlich aufgearbeitet (vgl. Biewer, Proyer & Kremsner 2019; Moser Opitz 2014). Im Folgenden wird dennoch ein Einblick in relevante Aspekte für die Gestaltung von Unterricht und spezifischer Didaktik mit Fokus auf kognitive und/oder motorische Entwicklung gegeben, die sich auf die Gestaltung der Lernumgebung auf räumlicher, didaktischer und personeller Ebene bezieht.

Inklusive Lernumgebungen wurden bisher selten umfassend definiert. Dies liegt unter anderem daran, dass unterschiedliche Aspekte zusammenspielen bzw. in Wechselwirkung miteinander treten, wodurch sie die Gestaltung und Umsetzung von inklusiven Lernumgebungen beeinflussen können. Dies geht weit über architektonische Gestaltungselemente oder das Abbauen von baulichen Barrieren hinaus. So kann beispielsweise die Zusammenarbeit innerhalb des Kollegiums, die Qualität der Kommunikation mit Eltern sowie der schulische Alltag relevant für den Lernerfolg der Schüler:innen sein. Die nachfolgende Tabelle veranschaulicht relevante Ebenen und deutet mögliche Querverbindungen an.

Im Folgenden wird näher auf für den Fokus dieses Bandes relevante Aspekte eingegangen: räumliche Gestaltung, Gestaltung des Unterrichts, schüler:innenspezifische Adaptierung, technische Möglichkeiten und Ausstattung.

Tab. 3.2: Relevante Ebenen der Lernumgebung

	Strukturelle Einheit	Konkrete Ebene	
Bildungsinstitution	Schule		
	Klasse		
	Unterricht	Didaktik	Individualisierte Zugänge
Außerschulische Aspekte	Diverse	Interdisziplinäre Kooperation	
Akteur:innen	Direktion	Schulentwicklung	
	Administration und Verwaltung	Einstellungen	
	Lehrpersonen	Kooperation, Teamarbeit	
	Eltern	Elternarbeit	
	Weitere Professionen	Interdisziplinäre Kooperation	

3.3.1 Räumliche Gestaltung

Räumliche Elemente werden innerhalb der Pädagogik schon lange als relevant für Lernprozesse erachtet (vgl. Buchner 2019). Der Zugang zu Unterricht im Kontext von kognitiver und v. a. motorischer Entwicklung wurde häufig auf die Notwendigkeit baulicher Veränderungen (vgl. Lelgemann 2015) oder die Ermöglichung von freien Zeitfenstern für Therapie und Pflege (vgl. Lelgemann 2010, siehe ▶ Kap. 3.5) reduziert. Walter-Klose (2015) identifiziert folgende architektonische bzw. bauliche Barrieren, die Auswirkungen auf die Beschulung von Kindern mit der Zuschreibung motorische Beeinträchtigung haben können:

3.3 Gestaltung inklusiver Lernumgebungen

Tab. 3.3: Architektonisch-bauliche Barrieren (nach Walter-Klose 2012, 384 ff. in Walter-Klose 2015, 133f.)

Bereich	Schwierigkeiten
Zugang zur Schule und den Räumen	• Schule nur durch Hintereingang betretbar (Diskriminierung) • Türen zu schwergängig oder nicht selbstständig zu öffnen (fehlende automatische Türöffner) • nicht alle relevanten Räume zugänglich • Zugänglichkeit im Winter durch Schnee und Matsch erschwert
Flure und Hallen	• zu schmale Gänge und überfüllte Hallen • kleine Kanten auf dem Fußboden • lange Wege von den Unterrichtsräumen zu den barrierefreien Toiletten • Türen schwer zu öffnen, keine automatischen Türöffner • Schließfächer, Regale und Wasserspender zu hoch angebracht
Räume	• zu wenig Platz in den Klassenräumen und zu kleine Manövrierflächen für Rollstuhlfahrer:innen • keine Räume für Einzelförderung, Therapie, Rückzug, Beratungsgespräche und Lagerung der Hilfsmittel • Regale in den Klassen zu hoch angebracht • Raumausstattung in naturwissenschaftlichen Laborräumen nicht barrierefrei
Aufzug	• nicht selbstständig benutzbar • komplizierte Regelungen, bei denen erst Lehrer:innen den Aufzug entriegeln müssen • Aufzüge bei Feueralarm nicht nutzbar • Aufzüge bei Defekt nicht sofort repariert
Toiletten und Waschräume	• Toiletten nicht barrierefrei und zu klein • Wege zu barrierefreien Toiletten sehr lang • Waschbecken zu hoch angebracht
Freizeit- und Sportbereich	• nur schwer bzw. nicht zu erreichen • keine extra Umkleidekabinen (z. B. zur Wahrung der Intimsphäre bei Schüler:innen mit Inkontinenzproblemen) • Cafeteria nicht zugänglich
Pausenhof	• uneben, sodass Schüler:innen Angst haben, hinzufallen oder geschubst zu werden

3 Pädagogisches Handeln

Tab. 3.3: Architektonisch-bauliche Barrieren (nach Walter-Klose 2012, 384 ff. in Walter-Klose 2015, 133f.) – Fortsetzung

Bereich	Schwierigkeiten
	• keine Barrierefreiheit im Winter • Spielplätze nicht nutzbar

Es zeigt sich, dass räumliche Barrieren den schulischen Alltag auf sehr unterschiedlichen Ebenen beeinflussen können. Fehlende Rampen und Aufzüge oder steile Treppen können also beispielsweise dazu führen, dass bestimmte Bereiche nicht erreicht werden können: Dies betrifft das Geschehen im Klassenraum oder anderen Unterrichtsräumen ebenso wie die Erreichbarkeit des Pausenhofs und damit die Ermöglichung oder Verunmöglichung der Teilhabe an allen schulischen Aktivitäten.

Mittlerweile spielen auch immer häufiger über physische Barrieren hinausgehende Momente eine Rolle. Diese werden im Sinne des Universal Design (▶ Kap. 3.3.3. und ▶ Kap. 3.3.5) wie folgt verstanden:

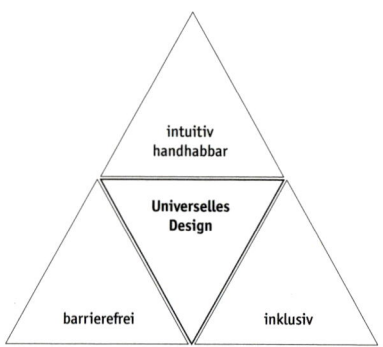

Abb. 3.2: Grundzüge des Universal Design[5]

---

5 in Anlehnung an: https://www.washington.edu/doit/sites/default/files/atoms/files/EA_Instruction_5_28_20_0.pdf.

3.3 Gestaltung inklusiver Lernumgebungen

Aus der obenstehenden Abbildung kann abgeleitet werden, dass universelles Design über inklusive Ansätze insofern hinausgeht, als es sich auf *alle* Menschen bezieht und nicht nur die Ermöglichung der Teilhabe spezifischer Gruppen im Blick hat. Neben inklusiven Aspekten stehen in diesem Sinne auch Ansätze der Nutzbarkeit bzw. Nützlichkeit, der Zugänglichkeit und damit des Vorhandenseins und der barrierefreien Verfügbarkeit im Zentrum des Interesses. Mit einer expliziten Erweiterung um individualisierte didaktische Ansätze hat der Ansatz des Universal Design bereits seit mehreren Jahren als *Universal Design for Learning* (UDL) Einzug in den Diskurs im angloamerikanischen Raum gehalten (▶ Kap. 3.3.2).

Grundgelegt in integrativ-didaktischen Momenten, wie zum Beispiel der Gestaltung der Lernumgebung nach Montessori (▶ Kap. 3.4), werden Ansätze der inklusiven Lernraumgestaltung den individuellen Lebensrealitäten der Schüler:innen abseits von Behinderung oder Zuschreibungen angepasst. Diese wirken sich auch in der räumlichen Gestaltung aus. Ausgewählte Aspekte der von Reich (2017) begründeten Bausteine der inklusiven Didaktik (vgl. Biewer, Proyer & Kremsner 2019) beziehen sich auf spezifische Aspekte der räumlichen Gestaltung. Baustein fünf umfasst unter anderem die Relevanz der Schaffung von Aktivitäts- und Ruhezonen, während Baustein acht auf den Verzicht der klassischen Widmung von Klassenräumen und Räumlichkeiten für Lehrpersonen abzielt. Kricke et al. (2018) erläutern die Eigenschaften von inklusiven Ansätzen in der Raumgestaltung. Beispielhaft führen die Autor:innen dabei »Klassenzimmer+«, »Lerncluster« und »Lernlandschaften« an, die sich unter anderem durch Flexibilität auszeichnen. Erstere kennzeichnen sich dadurch, dass reguläre Klassenräume durch weitere Orte ergänzt werden können, wie zum Beispiel gemeinsam genutzte Zusatzräume und evtl. auch Teile des Schulflurs etc. Dadurch ergeben sich auch Möglichkeiten der Unterteilung von Räumen in Zonen. Lerncluster bieten durch die Zusammenlegung mehrerer Klassen und Zusatzräume die Option, einen neuen gemeinsamen Lernraum zu schaffen. Lernlandschaften stellen hingegen einen Gegenentwurf zur klassischen Einteilung in Klassen dar.

3 Pädagogisches Handeln

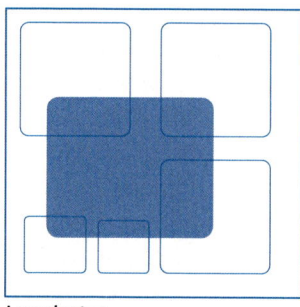
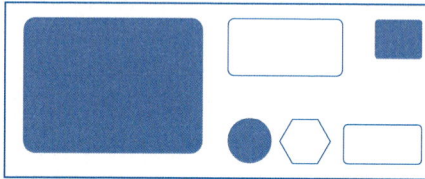

Lerncluster   **Lernlandschaft**

Abb. 3.3: Unterschiedliche Formen der inklusiven Lernraumgestaltung (nach Kricke et al. 2018, 22)

Eine ursprünglich aus dem Kontext kognitiver und/oder motorischer Beeinträchtigung stammende, jedoch problemlos für alle Schüler:innen nutzbare Sonderform der räumlichen Gestaltung sind sogenannte multisensorische Räume, die ihren Ursprung im Konzept des Snoezelen haben (vgl. Grace 2019). Im Gegensatz zu Ruheräumen fokussieren diese Orte auf das Anregen unterschiedlicher Sinne und die Stimulation unterschiedlicher Erfahrungen. Der Ansatz basiert auf Überlegungen zweier niederländischer Pfleger, die aus den schlechten Erfahrungen in Großeinrichtungen der Pflege in den 1970er-Jahren naturnahe Erfahrungen einbringen wollten. Die Begrifflichkeit des Snoezelen lässt sich sehr gut aus dem folgenden Originalzitat ableiten:

> »Lying in a meadow chewing a stalk of grass we watch the clouds pass overhead. We are very comfortable; the sounds of the traffic are far away; we hear nothing but the croaking of the frogs and the wind rushing in the reeds. We can smell the fresh grass and we feel utterly contended. Nothing changes until the wisps of overblow dandelions, carried by the wind, attract our attention. We try to catch a few of these little parachutes. Later we pick one of the overblown dandelions and blow off the wisps and watch them drift away until they are out of sight. After all this, sniffing at the grass of the meadow flowers we doze off a little. It is simply lovely, such an afternoon of ›snoezelen‹!« (Hulsegge & Verheul 1986 in Grace 2019, 26).

3.3 Gestaltung inklusiver Lernumgebungen

Diese Raumkonzeption zeigt auch auf, dass die Gestaltung von Lernumgebungen im inklusiven Kontext weit über den Fokus auf Lernen im akademischen Sinne hinausgeht, wodurch auch Aspekte der Erfahrungen im Lebensraum Platz finden sollen. Schulische Ansätze mit Bezugnahme auf die Lebenswelt, aber auch Schnittmengen mit therapeutischen, förderpädagogischen oder individuumbasierten Förderkonzepten werden hier angedeutet. Zu betonen bleibt, dass eine Interpretation solcher ursprünglich sonderpädagogisch oder auch therapeutisch genutzter Ansätze im *inklusiven* Kontext damit einher geht, dass diese für *alle* Schüler:innen zugänglich und nutzbar gemacht werden und eben nicht ausschließlich jenen vorbehalten bleiben, die mit einer entsprechenden Behinderungsdiagnose versehen wurden.

Selbstbestimmtes und selbstorganisiertes Lernen kann sich nur in passenden Lernumgebungen entwickeln. Lernumgebungen, die Inklusion auch angesichts motorischer und kognitiver Beeinträchtigungen ermöglichen, benötigen Bewegungsraum, aber auch Gestaltungsmöglichkeiten. Größere Unterrichtsräume sind eher in älteren Gebäuden zu finden, die zu Zeiten errichtet wurden, als Klassen noch eine deutlich größere Schüler:innenzahl umfassten. Klassenräume in neuen Schulgebäuden, die den gängigen Richtlinien für Schulhausneubauten entsprechen, sind häufig zu klein dimensioniert und können dem Platzbedarf von Kindern und Jugendlichen mit motorischen Beeinträchtigungen nicht entsprechen. Die Nutzung eines Rollstuhls oder anderer Mobilitätshilfen (z. B. Rollator) gelangt hier leicht an ihre Grenzen. Andererseits sind viele alte Schulgebäude durch zahlreiche Stufen und steile Treppenhäuser noch weniger barrierefrei als Schulgebäude aus den letzten Jahrzehnten.

Räumlichkeiten für den inklusiven Unterricht sind auf das Vorhandensein unterschiedlicher Tätigkeitszonen angewiesen. Nicht nur Kinder mit Beeinträchtigungen benötigen Rückzugsorte, die ihnen Ruhe gewähren, wenn das Geschehen ihre psychischen Verarbeitungsmöglichkeiten im Klassenzimmer überfordert. Eine inklusive Schule sollte daher so strukturiert sein, dass sie »Lernenden wie Lehrenden Raumperspektiven mit unterschiedlichen Aktions-, Sozial- und Rückzugsflächen bietet, um den sehr unterschiedlichen Bedürfnissen der Lernenden zu entsprechen« (Kricke et al. 2018, 15). Zur Gestaltung inklusiver Lernumgebungen gehört aber auch die Öffnung der Schule hin zur Gemeinde und der Einbezug außerschulischer Lernorte in die Unterrichtsgestaltung. Allein die Gestaltung des Klassenzimmers als Lernraum lässt Inklusive Pädagogik an Grenzen stoßen, wenn Klassenzimmer zu wenig Bewegungsraum bieten.

3.3.2 Gestaltung des Unterrichts

Im Kontext der konkreten Gestaltung von Unterricht definieren Kricke et al. (2018, 14) »förderliche Lernumgebungen« als vorhanden, »wenn Wahlmöglichkeiten bestehen, nach individuellen Kompetenzstufen, Neigungen und Interessen differenziert werden kann und alle Lernenden dennoch gleichermaßen nach ihren Voraussetzungen und Potenzialen gefördert werden können«. Sie verweisen auf die folgenden Einflussfaktoren für die Gestaltung von förderlichen Lernumgebungen:

- Aktive Lernformen mit einer Erhöhung der Selbstregulation bei gleichzeitiger guter Unterrichtsorganisation und kontinuierlichem Feedback der Lernhandlungen durch Lehrkräfte
- Eine inklusive Lernorganisation mit einem durchgehenden und umfassenden barrierefreien Design von den Materialien bis hin in die räumliche Gestaltung
- Ein durchgängiges und effektives Peer-to-Peer-Lernen, das vor allem rein reproduktive Wissensaneignung überwindet und vernetztes Lernen ermöglicht
- Ein ästhetisch anregendes Lernumfeld mit geeigneten Räumen, das den dynamischen Wechsel zwischen den Lernformen ermöglicht und unterstützt

3.3 Gestaltung inklusiver Lernumgebungen

- Individuelle Wahlmöglichkeiten in der Schule für die unterschiedlichen Bedürfnisse des gemeinsamen und individuellen Lernens

Basierend auf der Weiterentwicklung von Ansätzen aus der Reformpädagogik für die Inklusive Pädagogik (▶ Kap. 3.4) gilt es zu beachten, dass didaktische Ansätze und Interventionen sich nicht an der Diagnose einzelner Schüler:innen orientieren sollten. Binnendifferenzierung (unter Nutzung individuell angepasster Lehr- und Lernmaterialien) und geeignete Umgebungsfaktoren können Barrieren für das Lernen reduzieren. Dies zeigt die folgende Definition von Bock (2017, 155) auf, die beschreibt, dass inklusive Lernumgebungen der »Entwicklung von Unterrichtssituationen [bedarf], in denen an alle Lernenden hohe Erwartungen gestellt werden, sodass jede Schülerin bzw. jeder Schüler an die eigene Lerngrenze kommt, um sie zu überwinden – und dies unabhängig von einer möglichen Lernbeeinträchtigung oder einer Hochbegabung«.

Die inklusive Didaktik fokussiert dabei den Einsatz bzw. die Zurverfügungstellung von unterschiedlichen didaktischen Ansätzen als Vermittlungsaufgabe, sodass die Erschließung desselben Lerninhalts auf unterschiedliche Weisen ermöglicht wird. Im Kontext der inklusiven Didaktik wird auch immer wieder von der Arbeit am ›gemeinsamen Gegenstand‹ gesprochen (z. B. Luder et al. 2014), welcher auf unterschiedliche Arten gemeinsam oder nebeneinander erarbeitet werden kann. Dabei soll es theoretisch irrelevant sein, welche Form oder ›Schwere‹ der Behinderung vorliegt. Das folgende vereinfachte didaktische Setting, das der inklusiven Biologiedidaktik (für weitere Beispiele für inklusiv gestaltete Fachdidaktik siehe Riegert & Musenberg 2015) zugeordnet werden könnte, zeigt nur einige wenige Möglichkeiten, wie unterschiedlich an einem Inhalt gearbeitet werden kann:

> Ein spezifischer fachlicher Inhalt, wie die Ernährungsweisen unterschiedlicher Tierarten und des Menschen, kann sehr unter-

> schiedlich vermittelt werden: Einzelne Schüler:innen können die lateinischen Begriffe carnivor, omnivor und herbivor selbständig im Internet oder Nachschlagewerken recherchieren und übersetzen. Andere könnten über bild- oder tongebende Medien bei der Erarbeitung unterstützt werden. Die Ergebnissicherung, also die Übersetzung der Bedeutung der Worte, könnte dann schriftlich, zeichnerisch oder mittels Aufnahme von Sprache differenziert erfolgen.
> Über eine spielerische Art, z. B. ein Memory, das das Zuordnen von unterschiedlichen Lebensmitteln und Tieren zum Ziel hat, könnten die Schüler:innen das gewonnene Wissen gemeinsam vertiefen, sich gegenseitig unterstützen und Erlerntes wiederholen. Auch die gemeinsame Zubereitung von unterschiedlichen Speisen und die/eine Diskussion darüber, wer diese nun verzehren würde, könnte eine interessante Annäherungsform darstellen.

Eine solche Art der Unterrichtsgestaltung beschreibt auch ein häufig in Zusammenhang mit inklusivem Unterricht genanntes Phänomen: Die Möglichkeit des fächerübergreifenden, projektorientierten Unterrichts. Im angeführten Beispiel ließe sich Biologie mit Haushaltsökonomie, weiter gefasst aber ggf. sogar mit den Auswirkungen des Klimawandels auf und durch Ernährung mithilfe gezielten Projektunterrichts, verknüpfen.

Immer wieder wird die Grenze der inklusiven Didaktik hinsichtlich der Gruppe der Schüler:innen mit der Zuschreibung einer Behinderung in der kognitiven Entwicklung diskutiert. Die logische Konsequenz aus solchen Argumentationen ist, dass eine inklusive Didaktik also doch nicht für *alle* Kinder einen ungehinderten Lernprozess am selben Gegenstand ermöglichen kann. Die Autor:innen dieses Buches weisen diesen Zugang jedoch entschieden zurück und unterstreichen neben dem universalen Anspruch inklusiver Didaktik auch die Idee, dass es allen Schüler:innen möglich ist, sich Bildungsinhalte zu erschließen, sofern diese ihnen über geeignete Methoden zur Verfügung gestellt werden. Wiederholt sei an

3.3 Gestaltung inklusiver Lernumgebungen

dieser Stelle auch und explizit auf das Recht auf Bildung für *alle* verwiesen (vgl. z. B. Lelgemann 2010). Bezogen auf Unterrichtsgestaltung wird in der wissenschaftlichen Literatur die Bedeutung von Differenzierung bzw. Individualisierung betont (vgl. z. B. Leyendecker 2005, Klippert 2010/2016). Dabei geht es darum, für jede:n Schüler:in eine geeignete und individuell abgestimmte Lernumgebung auch im Sinne maßgeschneiderter Arbeitsaufgaben zu schaffen. Es wird dabei zwischen äußerer und innerer Differenzierung unterschieden. Erstere bezieht sich auf die Schulwahl oder Klassenzuordnung sowie die Ausgestaltung von Curricula. Die innere bzw. auch als Binnendifferenzierung bezeichnete Auslegung fokussiert die Zurverfügungstellung von unterschiedlichen Materialien und Erarbeitungsmöglichkeiten. Wobei der »Kern dieses Differenzierungs- und Individualisierungsansatzes ist, dass den Schüler/innen innerhalb gewisser Rahmengegebenheiten Wahlmöglichkeiten eröffnet werden, die das Nutzen persönlicher Begabungen, Neigungen und Interessen erlauben« (Klippert 2010/2016, 97). Klippert erläutert davon ausgehend die folgenden Ebenen der Differenzierung (vgl. 98f.):

- Aufgabendifferenzierung: Möglichkeit der Auswahl aus einem Pool an Aufgaben, welche sich thematisch, aber auch in der Komplexität unterscheiden können.
- Lernmitteldifferenzierung: Individuelle Entscheidung über unterschiedliche Tools, die das Lernen unterstützen. Beispielhaft seien Bücher, Arbeitsblätter, aber auch digitale Lernmittel angeführt.
- Soziale Differenzierung: Wahlmöglichkeit hinsichtlich der Arbeitsform, wie zum Beispiel Gruppenarbeit, Teamarbeit etc.
- Tätigkeitsdifferenzierung: Die Erledigung von Aufträgen oder die Absolvierung von Lernzielen kann auf verschiedenen Wegen erfolgen.
- Produktdifferenzierung: Auch das Ergebnis eines Lernprozesses kann variieren.

Als spezifischer didaktischer Ansatz setzt das Universal Design for Learning (UDL) sein Hauptaugenmerk auf die Reduktion von Bar-

rieren – und zwar nicht ausschließlich bezogen auf jene der physischen Umwelt (vgl. Biewer, Proyer & Kremsner 2019).
UDL kann für die Realisierung der nachhaltigen inklusiven Lernumgebung relevante Tools zur Verfügung stellen (siehe auch 3.3.4).

3.3.3 Schüler:innenspezifische Adaptierung

Lange Zeit bestimmten handlungsorientierte und lebenspraktische Aspekte die Curricula von Schulen, die darauf spezialisiert waren, die antizipierten Bedarfe von Schüler:innen mit der Zuschreibung einer Behinderung in der motorischen und/oder kognitiven Entwicklung zu bedienen und ihnen ein möglichst unabhängiges Leben zu ermöglichen (vgl. Lelgemann 2010; Terfloth & Bauersfeld 2015). Dies impliziert, dass diesen Personengruppen lange keine Option auf weiterführende Bildung ermöglicht und lebenslange Abhängigkeit unterstellt und zugeschrieben wurde. Terfloth und Bauersfeld (2015) sprechen im Kontext kognitiver Entwicklung davon, differenzierte Lernformen anzubieten, die unterschiedliche Lernchancen für die Schüler:innen ermöglichen.

Zentral ist es, dass Lernende nicht von einem sich zunehmend spezialisierenden und normierenden Leistungskontext ausgeschlossen werden (▶ Kap. 4.3). Bock (2017, 155) verweist – wie bereits angeführt – darauf, dass in inklusiven Lernsettings und Unterrichtssituationen alle Schüler:innen gefordert werden sollen. Es geht somit nicht um das Erfüllen bestimmter und vermeintlich objektivierbarer Leistungsanforderungen, sondern um die Ermöglichung eines individuellen Lernfortschritts. Markowetz (2019, 214) fasst dies in seinem Verständnis von inklusivem Unterricht wie folgt zusammen:

> »Inklusiver Unterricht ist also mehr als nur gemeinsamer Unterricht! Inklusiver Unterricht muss auch ein Unterricht sein, der allen Schülern[:innen] ein diversifiziertes Lernen in exklusiven Lernsituationen ermöglicht. Zudem ein Unterricht, der statt pseudokooperativem Lernen ein diversitätssensibles Lernen für alle Kinder und Jugendlichen einer heterogenen

Lerngruppe ausdrücklich zulässt und dennoch allseitig sinnstiftend für soziale Teilhabe am Schulleben sorgt, damit jedweder Gedanke an *Aussonderung* (Hervorhebung i. O.) obsolet wird.«

3.3.4 Technische Möglichkeiten und Ausstattung

Die Relevanz und Ermöglichung von technischen *Unterstützungsstrukturen* sucht man in Standardwerken zur sogenannten ›Körperbehinderten‹- bzw. auch ›Geistigbehindertenpädagogik‹, abgesehen vom rehabilitativen Mehrwert medizinischer Hilfsmittel wie Prothesen und sogenannten assistiven Technologien, häufig vergeblich. Diese Technologien werden von Dirks und Linke (2019, 241) wie folgt definiert:

»Assistive Technologien unterstützen Menschen mit Beeinträchtigungen durch die teilweise oder vollständige Übernahme von Funktionen oder Fertigkeiten, die nicht mehr aus eigener Kraft durchgeführt werden können, und umfassen sowohl Low-Tech- als auch High-Tech-Systeme. Zu den assistiven Technologien zählen so unterschiedliche Hilfsmittel wie Kalender und Organizer, Symbol- und Bildtafeln, Exo-Skelette und Rollstühle, sprechende Uhren und elektronische Kalender, Computer und Software, welche die selbständige Steuerung und Nutzung von Computern wie auch Hilfsmitteln ermöglichen.«

So klar dieses Zitat sich für eine Definition eignet, verweist es dennoch darauf, dass die Technologien innewohnenden Chancen und Möglichkeiten auch im pädagogischen Sinne noch nicht ausreichend angedacht und ausgeschöpft werden. Assistive Technologien sind demnach mehr oder weniger ausschließlich dafür da, vermeintliche Defizite auszugleichen. Neben einem grundständig rehabilitativen oder medizinischen Verständnis bieten technische (und mittlerweile auch virtuelle) Tools aber ebenso noch zahlreiche Möglichkeiten, das Schul- und Unterrichtsgeschehen inklusiver und damit auch interaktiver und partizipativer zu gestalten. Ein solches Verständnis geht weit über Unterstützung hinaus, denn es zielt auf volle Teilhabe in Schule und Unterricht ab. Erst allmählich wird dieser Mehrwert im Kontext Inklusiver Pädagogik speziell für die bereits genannten Gruppen, aber auch darüber hinausgehend, erkannt und weiterführend erforscht. Technische Hilfsmittel können einerseits (vorübergehend) ausgleichend eingesetzt werden, andererseits aber auch nachhaltig zum Einsatz kommen, um Teilhabe am Schulgeschehen zu ermöglichen. Sie umfassen eine Reihe von Ausprägungen und können damit in unterschiedlichen Lebenssituationen und mit divergierender Zielsetzung zum Einsatz kommen: Ein elektrischer Rollstuhl dient der eigenständigen Fortbewegung, elektronische Sprachausgabe kann Kommunikationsformen erweitern und bildgebende Technologien ermöglichen eine Vielzahl von Darstellungsmöglichkeiten im Unterricht. Gerade an der Überschneidung von Medienpädagogik und Inklusiver Pädagogik zeigen sich relevante Potenziale von Technologien, wie im frei zugänglichen und von Bosse, Schluchter und Zorn im Jahre 2019 herausgegeben »Handbuch Inklusion und Medienbildung« eindrücklich nachvollzogen werden kann. Unter anderem werden darin auch die Möglichkeiten partizipativer Forschung und nutzer:innenorientierter Technologieentwicklung angezeigt.

Auch an dieser Stelle sei auf das Universal Design verwiesen, das schrittweise Prinzipien des Designs auch im Kontext von technischen Möglichkeiten und Ausstattungen an unterschiedlichen Stellen beeinflusst bzw. sogar grundlegt, wie das folgende Beispiel veranschaulicht: In einer Handreichung zu Inklusivem Design der Firma Microsoft (aus dem Inclusive Toolkit Manual, Inclusive Microsoft Design[6]) findet sich eine Abbildung, die nachfolgend vereinfacht und in Übersetzung aus dem Englischen dargestellt ist. Darauf finden sich einige antizipierte Nutzer:innengruppen von Produkten. Die schematische Gruppierung mag auf den ersten Blick etwas verallgemeinert erscheinen. Nichtsdestotrotz ermöglicht sie einen guten Einblick in sich aus unterschiedlichen Gründen entweder nachhaltig, zeitweise oder nur in bestimmten Situationen ergebende Bedarfe diverser Nutzer:innengruppen.

---

6 vgl. https://www.microsoft.com/design/incusive/.

3.3 Gestaltung inklusiver Lernumgebungen

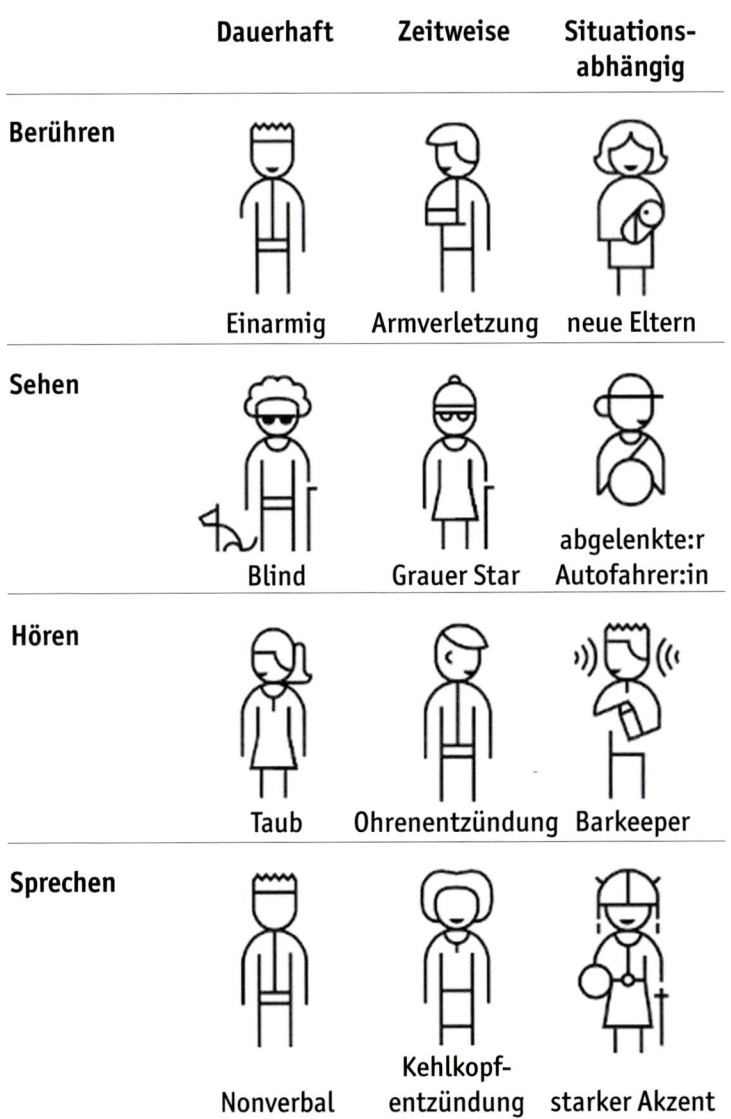

Abb. 3.4: Inclusive Microsoft Design ›Inclusive Toolkit Manual‹ (2016)

3.4 Methoden selbstorganisierten und selbstbestimmten Lernens im Kontext der motorischen und/oder kognitiven Entwicklung

Inklusive Pädagogik ist eine (menschen-)rechtsbasierte Pädagogik mit Auswirkungen auf das Verhältnis zwischen Lehrkräften und Schüler:innen, aber auch auf die Wege des Lernens. Insbesondere die Sichtweise auf Kinderrechte wie auch die Rechte behinderter Kinder und Jugendlicher (siehe Biewer, Proyer & Kremsner 2019) hat Konsequenzen für die Organisation von Lernprozessen. Der Respekt vor Kindern und deren Wünschen, Bedürfnissen und Entscheidungen führt zu solchen pädagogischen Konzepten, die Selbstorganisation und Selbstbestimmung berücksichtigen oder sich davon leiten lassen.

3.4.1 Ein historischer Rückblick auf die Methodengeschichte des (selbstbestimmten) Lernens

Selbstbestimmung beim Lernen setzt das Wissen/Bewusstsein der Lehrperson über die basalen Grundlagen von Lernen und Entwicklung voraus, sodass davon ausgehend Entscheidungen über den weiteren einzuschlagenden Weg ermöglicht werden. Bei der Betrachtung von Methoden, die heute als effektiv gelten, und zwar insbesondere auch im Hinblick auf die Entwicklung von Motorik und Kognition, ist ein Blick in die Methodengeschichte sehr hilfreich. Die Zeit der Entstehung des Unterrichts bei Menschen mit kognitiven Beeinträchtigungen im 19. Jahrhundert war von Seiten ihrer Pionier:innen von großem Optimismus geprägt. Befördert wurde er durch die Entdeckung neuer Methoden, die zu Aussagen führten wie ›Idiotie‹ und ›Kretinismus‹ ließen sich mit pädagogischen Methoden ›heilen‹.

3.4 Methoden selbstorganisierten und selbstbestimmten Lernens

Blicken wir zurück auf die Geschichte selbstorganisierten und selbstbestimmten Lernens, so können auch frühe Vorläufer:innen einbezogen werden. Es lässt sich dabei eine Traditionslinie ziehen von Itard über Séguin, Montessori und Reformpädagog:innen des 20. Jahrhunderts bis zu den Modellen schulischer Integration und Inklusion seit den 1970er-Jahren. Hier kamen unterschiedliche Bausteine zusammen, welche die Basis für heutige unterrichtliche Zugänge zu schulischer Inklusion liefern.

Gehen wir zu den Anfängen dieser Traditionslinie zurück, so wäre hier in jedem Fall Jean Itard zu nennen, der mit der Erziehung des sogenannten ›Wildkindes‹ von Aveyron Methodengeschichte geschrieben hat (vgl. Malson, Itard & Mannoni 1990). Es handelt sich um die Geschichte eines ca. 12-jährigen Jungen, der um 1800 in einem Wald in Frankreich aufgegriffen wurde. Er bewegte sich auf allen vier Gliedmaßen und sprach nicht, sondern gab Laute und Geräusche von sich. Es wurde unterstellt, dass er im Alter von ca. fünf Jahren im Wald ausgesetzt worden sei und ohne weitere Hilfe, Betreuung und Bildung dort überlebt habe (ebd., 123). Der Arzt Jean Itard versuchte sich an der Erziehung des Jungen, dem er den Namen Victor gab, und dokumentierte seine Anstrengungen detailliert Um seine Ziele zu erreichen, analysierte er Victors Verhalten und experimentierte über Jahre, bis es ihm gelang, ihn zu den gewünschten Handlungen zu animieren.

Nach fünf Jahren stellte er einen Bericht über den Gesamtverlauf der Entwicklung des mittlerweile jungen Mannes dar. Dabei ging es Itard weder um die Entdeckung einer pädagogischen Methode noch um die Gründung einer passenden Bildungsinstitution, sondern eher um den Nachweis, dass sein Zögling in der Lage war, deutlich mehr auszuführen, als ihm aufgrund der Vorgeschichte zugetraut wurde. Betrachten wir aus der Retrospektive die von ihm beschriebenen Bemühungen, so können wir allerdings sehr wohl die Grundlegung einer Methode erkennen.

Beeinflusst hat Itard den jungen ›Taubstummenlehrer‹ Édouard Séguin, der Elemente einer replizierbaren Methode in Itards Versuchen erkannte. Er arbeitete als Pädagoge in einer psychiatrischen Einrichtung in Paris und entwickelte dort in den 1840er Jahren Itards Vorschläge sehr erfolgreich weiter. Die konkreten Ideen zur Umsetzung wie auch die dazu entwickelten Lern- und Entwicklungsmaterialien wurden bereits in den 1840er-Jahren publiziert (vgl. Séguin 1846).

Im Jahre 1912 gab Solomon Krenberger die deutsche Übersetzung eines 1866 von Séguin in den USA publizierten Buches heraus, das aber bezüglich der Darstellung der Methode weniger detailliert war als das französischsprachige Werk von 1846 (vgl. Séguin 1912). Das Buch stellt nicht nur Séguins Methode dar, sondern gibt auch einen guten Eindruck von der Aufbruchsstimmung und Euphorie bei Pädagog:innen des 19. Jahrhunderts. Zunehmend entwickelte sich die Vermutung, dass auch ›Idioten‹ lernen und Bildung erfahren könnten, ähnlich wie dies zuvor für taube und blinde Menschen erfolgt war. Den Nachweis dafür sah man um die Mitte des 19. Jahrhunderts durch Versuche in mehreren europäischen Ländern (z. B. Berlin, Paris, Abendberg in der Schweiz) erbracht (vgl. Seguin 1912, 17).

Der pädagogische und didaktische Zugang wird von Séguin als die ›physiologische Methode‹ bezeichnet. Sie ist in beiden Büchern dargestellt, deren Bedeutung für die Genese einer Pädagogik bei Beeinträchtigungen der kognitiven Entwicklung nicht unterschätzt werden darf. Die dargestellten Zugänge sind grundlegend und können für segregierende, integrative und inklusive Beschulungsformen gleichermaßen Verwendung finden. Unter der ›physiologischen Methode‹ versteht Séguin ein Zusammenwirken von »perzeptiven, reflexiven und spontanen Funktionen« (Séguin 1912, 78), also vom Wahrnehmen, Denken und Handeln. Aufgrund der politischen Entwicklungen spielte Séguins Werk ab den 1930er-Jahren allerdings für den deutschsprachigen Raum keine Rolle mehr. Erst in den 1970er Jahren wurde es wieder entdeckt und danach rezipiert (vgl. Hänsel 1974).

3.4.2 Maria Montessori und ihre Rezeption für eine Grundlegung selbstbestimmten Lernens

Die italienische Reformpädagogin Maria Montessori entdeckte Séguins pädagogisches Werk um die Jahrhundertwende (vgl. Kramer 1983). Sie übersetzte sein Buch von 1846 aus dem Französischen ins Italienische. Eine ganze Anzahl der Übungsmaterialien zur Sinnesschulung und zum mathematischen Lernen übernahm sie von Séguins ›physiologischer Erziehung‹ (1846) und entwickelte sie weiter. Als Montessori-Materialien sind sie noch heute im Gebrauch. Damit zusammenhängend wurde Montessori auch der Vorwurf gemacht, auf die Urheberschaft von Séguin nicht hinreichend hingewiesen zu haben.

Montessori gründete eine Einrichtung zur Kindertagesbetreuung im römischen Stadtteil San Lorenzo im Jahre 1907. In einem Neubaugebiet stattete sie einen Raum mit denjenigen Materialien aus, die sie bei Séguin kennengelernt hatte und die sie zuvor bereits mit Kindern, die im Bereich der kognitiven Entwicklung behindert wurden, im klinischen Rahmen ausprobiert hatte. Im ›Kinderhaus‹, so bezeichnete sie ihre Einrichtung, entwickelte sie ihre Methode weiter und ergänzte sie um weitere didaktische Materialien. Dabei sprach sie von einer ›vorbereiteten Umgebung‹, welche es den Kindern ermöglicht, sich in ›freier Arbeit‹ zu entwickeln.

Montessoris pädagogischer Zugang wurde über Jahrzehnte für die Pädagogik bei Kindern mit Beeinträchtigungen kaum zur Kenntnis genommen. Allerdings ist, auch wenn Materialien vereinzelt ihren Weg in die Arbeit mit beeinträchtigten Kindern fanden, eine systematische Anwendung ihrer Methode der freien Arbeit erst ab den 1980er-Jahren belegt. Mittlerweile gibt es Studien und systematische Darstellungen auch für die Pädagogik bei Kindern mit Beeinträchtigungen im Spektrum der kognitiven und/oder motorischen Entwicklung (vgl. Biewer 1997/2005).

Eine Schlüsselrolle in Montessoris pädagogischem Konzept nehmen die didaktischen Entwicklungsmaterialien ein. Es handelt sich dabei um Materialien für Übungen des praktischen Lebens, Sinnes-,

Mathematik- und Sprachmaterialien sowie für die ›Kosmische Erziehung‹ als sachunterrichtlichen Lernbereich. Sie alle weisen mehrere Merkmale auf, die freie Arbeit erst ermöglichen (vgl. Biewer 1994): So wird eine Schwierigkeit isoliert, damit die Aufmerksamkeit auf denjenigen wesentlichen Aspekt gelenkt wird, der lernwirksam werden soll. Wenn es beispielsweise um die Erfassung der Dimensionen ›groß‹ und ›klein‹ geht, dann unterscheiden sich Teile eines Materials lediglich in dieser Dimension und nicht in anderen, wie z. B. der Farbe. Das Material ist zudem begrenzt; einfache Strukturen sollen bewirken, dass es überschaubar bleibt. Häufig sind die Materialien Teile von Materialreihen (insbesondere bei den Mathematik-Materialien, bei denen komplexe Inhalte nach und nach aufgebaut werden). Die Materialien sind ästhetisch ansprechend und sollen Aufforderungscharakter haben, um das Kind zu eigener Aktivität anzuregen. Durch den Einbau von Fehlerkontrollen ist es möglich, dass Kinder sie unabhängig von der Begleitung durch Pädagog:innen verwenden. Es sind aber auch überwiegend Materialien, die nicht verbraucht werden, sondern beliebig oft wiederholt zu verwenden sind, bis die inhaltliche Aneignung gesättigt ist.

In sonderpädagogischen Beschreibungen dominierten über Jahrzehnte Positionen, die Kinder mit Beeinträchtigungen im Bereich der kognitiven Entwicklung (sog. ›geistiger Behinderung‹) ausschließlich unter dem Defizitaspekt betrachteten. Eigene Aktivität und die Fähigkeit, den Lerngegenstand selbst zu wählen, wurden ihnen häufig abgesprochen. Erst die Umsetzung entsprechender Projekte gestützt durch empirische Studien konnten diese Position widerlegen. So wurden etwa die Aktivitäten von Schüler:innen in einer Montessori-Modellklasse über ein ganzes Schuljahr hinweg beobachtet und protokolliert (vgl. Biewer 1997). Dabei wurde festgestellt, dass Kinder mit Beeinträchtigungen im Bereich der kognitiven Entwicklung in freier Arbeit nach einem individuellen Rhythmus lernen: Phasen und Formen geordneter Arbeit wechselten sich mit Ruhe- und Erholungsphasen ab, entsprechend den Fähigkeiten und Möglichkeiten der Kinder. Selbst für Kinder

3.4 Methoden selbstorganisierten und selbstbestimmten Lernens

mit komplexen Beeinträchtigungen im kognitiven, motorischen und sensorischen Bereich waren Phasen der Wahl und der konzentrierten Tätigkeit in der freien Arbeit in vorbereiteter Umgebung möglich.

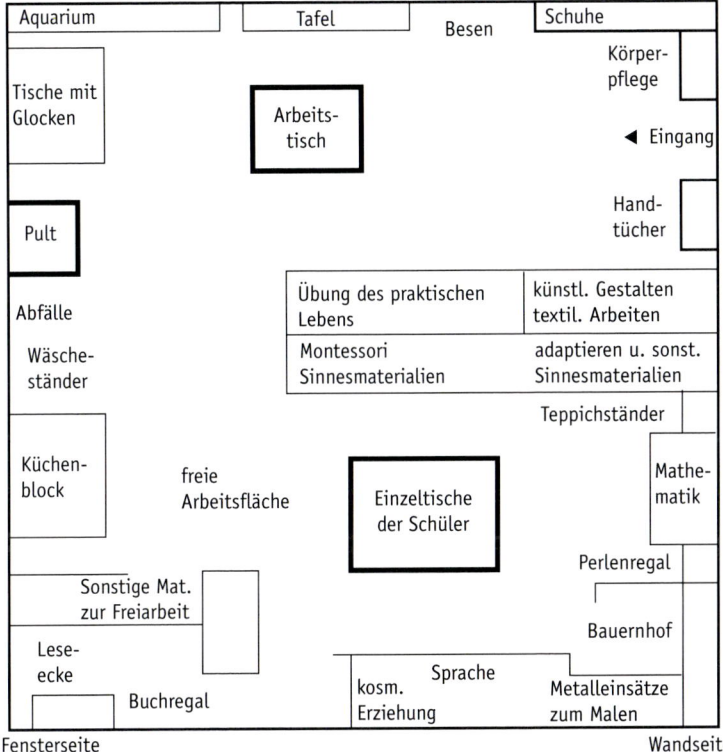

Abb. 3.5: Beispielhafte Gestaltung eines Montessori-Klassenzimmers für Schüler:innen mit kognitiven Beeinträchtigungen (aus: Biewer 1994, 13)

Freie Arbeit erfordert eine Lernumgebung, die diesen Anforderungen gerecht wird. Abbildung 3.5 zeigt beispielhaft ein solches Klassenzimmer, das nach den Kriterien für eine vorbereitete Umgebung im Sinne der Montessori-Pädagogik gestaltet ist (vgl. Biewer 1997,

3 Pädagogisches Handeln

74). Wie ist dieses Klassenzimmer strukturiert und welche Überlegungen führten zu dieser Gestaltung? Personen, die dieses Klassenzimmer betreten, kommen zunächst in einen Vorbereich und nicht in die ›Kernarbeitszone‹. Dies ist gleichzeitig aber auch ein Bereich, der von den Kindern für Übungen des praktischen Lebens genutzt werden kann. Die Einzeltische der Schüler:innen befinden sich im ›Kernarbeitsbereich‹ des Klassenzimmers. In den offenen Regalfächern herum gibt es die Sinnes-, Mathematik- und Sprachmaterialien. Die Schüler:innen haben die Möglichkeit, dort ihr Material für die freie Arbeit zu suchen und mit diesem auf einem Arbeitsteppich am Boden oder an ihrem Tisch zu arbeiten. Die nicht einsehbare Leseecke des Klassenzimmers ist gleichzeitig eine Ruhezone und ein Rückzugsort für die Kinder.

Anregungen aus der Montessori-Pädagogik wurden für die Pädagogik für Kinder und Jugendliche mit Beeinträchtigungen im Bereich der kognitiven und motorischen Entwicklung in den Jahren danach weiterentwickelt und als ›materialgeleitetes Lernen‹ für Lehrkräfte in praxisbezogenen Darstellungen aufgearbeitet (Ratz & Schneider 1998).

3.4.3 Reformpädagogische Zugänge für inklusiven Unterricht

Unterrichtsmodelle mit reformpädagogischen Wurzeln werden häufig mit Begriffen wie ›Offener Unterricht‹, ›Projektunterricht‹ oder ›freie Arbeit‹ tituliert. Der Zugang Maria Montessoris war einer der ersten, der für den integrativen Unterricht entdeckt wurde. Dies geschah noch vor einer Rezeption ihres Ansatzes für sonderschulische Settings und ist verbunden mit der Tätigkeit des Münchner Pädiaters Theodor Hellbrügge im Deutschen Bildungsrat in den späten 1960er-Jahren (Hellbrügge 1984). Er beschreibt in zahlreichen seiner Veröffentlichungen, wie er im Rahmen seiner Tätigkeit einen Montessori-Kindergarten in Frankfurt besuchte und dabei in einer Gruppe zwei mit Down-Syndrom diagnostizierte Kinder entdeckte. Auf seine Frage, inwieweit die Kinder die Arbeit in der Gruppe störten oder auch nicht angemessen betreut werden konnten, erhielt er die Antwort, dass sich die Kinder gut entwickelten und keineswegs die anderen Kinder in der Gruppe störten. Dies führte zur Gründung eines integrativen Montessori-Kindergartens in München und nachfolgend auch einer Grund- und einer Hauptschule. Dieser erste Versuch, Montessori-Pädagogik für die integrative Erziehung von Kindern mit und ohne Zuschreibung einer Behinderung umzusetzen, führte zu zahlreichen weiteren derart ausgerichteten Neugründungen in Deutschland. Das dort entstandene Modell beeinflusste in erheblichem Maße die Diskussion über die schulische Integration in Deutschland und gab Anregungen für die unterrichtliche Gestaltung von Nachfolgeprojekten.

Das Modell der integrativen Montessori-Schule in München ist seit der Entstehung in den 1970er-Jahren mehrfach untersucht worden. Aufgrund vorliegender Erhebungsdaten wurde aufgezeigt, dass dieser mit der Montessori-Pädagogik begründete Schulversuch eine Vielzahl weiterer Strukturmomente enthielt, die über diesen spezifischen Ansatz hinausgehen (vgl. Biewer 2001). Während eine Orientierung an den medizinischen Rahmensetzungen ihres Begründers, dem Pädiater Theodor Hellbrügge, in der pädagogischen Arbeit nicht nachweisbar war, fanden sich eine Fülle weiterer Ideen insbesondere aus dem Spektrum der Reformpädagogik, die das Handeln und die Deutungen der Lehrkräfte leiteten.

Während Montessori-Kindergärten und auch Primarschulen weltweit verbreitet sind, zeigen sich doch Probleme in der Umsetzung für Schüler:innen der Altersstufe von 12 bis 18 Jahren. Trotz des Anspruchs, das gesamte Entwicklungsalter von Kindern und Jugendlichen abzudecken, sind die konkreten Vorschläge für ältere Schüler:innen eher vage und es fehlen gleichwertig präzise Anregungen über Materialien, wie sie für das Vorschul- und Primarschulalter kennzeichnend sind. Insbesondere im Kontext schulischer Inklusion gibt es allerdings mittlerweile Versuche der Fortentwicklung, die auch in der Literatur gut dokumentiert sind (vgl. z. B. Kegler & Prengel 2003).

3.4.4 Selbstbestimmtes, selbstorganisiertes und selbstreguliertes Lernen im Fachunterricht der Sekundarstufe

Es gibt viele Methoden, die das Lernen in heterogenen Gruppen in der Sekundarstufe ermöglichen. Bestens geeignet sind sie insbesondere für fächerübergreifendes Lernen. Unter den Bedingungen von aktuell üblichem Fachunterricht mit Lehrkräften, die im Stundentakt wechseln, stellen sich hierfür allerdings organisatorische Probleme. Lehrkräfte an Schulen, die über kein passendes Konzept für schulische Inklusion verfügen, geraten an dieser Stelle leicht an die Grenzen ihrer Möglichkeiten.

Inklusion im Fachunterricht der Sekundarstufe steht in manchen Bereichen noch am Anfang (vgl. Abels 2015). Dabei gibt es sehr wohl Möglichkeiten, dies zu initiieren und zu organisieren. Abels beschreibt anhand einer Sekundarschule in Wien (aktueller Name: Schulzentrum Donaustadt) anhand der Schulstufen fünf bis acht, wie selbstbestimmtes und selbstorganisiertes Lernen gestaltet sein kann. Zentral verbunden ist dies mit einem forschenden Zugang der Schüler:innen zu den Lerngegenständen. Die bei Abels (2015) beschriebenen Methoden sind unabhängig von Formen der oder Zuschreibung von Behinderung dargestellt und adressieren damit alle Schüler:innen. Anpassungen an individuelle Bedingungen sollten dennoch im konkreten Fall getroffen werden.

Forschendes Lernen wird im Schulzentrum Donaustadt in zwei organisatorischen Formen umgesetzt, die als ›Schachtelstunden‹ und als ›Lernwerkstatt‹ bezeichnet werden (ebd., 141). Bei ›Schachtelstunden‹ können Schüler:innen aus einer hohen Anzahl von Erkundungs- und Lernsettings auswählen, die in ihrer Konzeption sehr stark an die Materialvorschläge Montessoris zur ›Kosmischen Erziehung‹ erinnern: Die ›Schachteln‹ beinhalten Material, das entlang eines eigenständig gewählten Themas (z. B. ›Die Reise des Kaffees‹ oder auch ›das binäre System‹) autonom bearbeitet werden kann. Das übrigens fortlaufend durch Studierende der Inklusiven Pädagogik an der Universität Wien entwickelte Material unterscheidet sich lediglich in zwei Schwierigkeitsstufen und ist entsprechend so gestaltet, dass *alle* Schüler:innen des Schulzentrums Donaustadt ohne vorangehende Erklärung oder intensive Einzelbetreuung daran arbeiten können. Die ›Lernwerkstatt‹ hingegen bedeutet forschendes Lernen über mehrere Tage in eigenen Räumlichkeiten. Das Prinzip dieser Form des Lernens ist wie folgt beschrieben:

»Die Materialien werden zu einem Oberthema vorbereitet, z. B. Wasser, Insekten oder Licht und Farbe. Die eigentlichen Themen wählen die Schüler/innen in dem vorgegebenen Bereich selbst. Sie suchen sich aus, ob sie allein, zu zweit oder in Gruppen von maximal drei bis vier Personen arbeiten möchten. Die Themen sind sehr vielfältig und kommen aus naturwissenschaftlichen als auch gesellschaftswissenschaftlichen Bereichen« (Abels 2015, 141).

Die Gestaltung inklusiven Unterrichts angesichts des Fachlehrer:innenprinzips in der Sekundarstufe bringt eine Fülle von Problemen mit sich, insbesondere für Kinder, die (übrigens auch durch die rigide Trennung in Fachstunden) in ihrer kognitiven Entwicklung behindert werden. Aber auch die räumlichen Bedingungen müssen für Schüler:innen angepasst sein, wenn etwa zusätzlicher Raumbedarf durch die Verwendung von Mobilitätshilfen entsteht.

Ein Symposium an der Humboldt-Universität zu Berlin im Jahre 2013 hat die Frage gestellt, wie inklusiver Fachunterricht für die Sekundarstufe gestaltet werden solle. Dabei wurde insbesondere die Situation von Kindern und Jugendlichen mit Beeinträchtigungen im Bereich der kognitiven Entwicklung in den Blick genommen (vgl. Riegert & Musenberg 2015). Die Durchsicht einer Vielzahl von Ideen aus den Fächern Mathematik, Biologie, Physik, Chemie, Geografie, Geschichte, Politik, Ethik, Religion, Deutsch, Englisch, Kunst, Musik, Sport und Arbeitslehre ergibt, dass nicht selten in den Umsetzungen den Prinzipien selbstorganisierten und selbstbestimmten Lernens gefolgt wird.

Neben dem Diskurs um die Notwendigkeit einer inklusiven Fachdidaktik gibt es inzwischen zunehmend auch konkretere Gestaltungsvorschläge für Lehrkräfte auch für den Unterricht in der

Sekundarstufe I und II (z. B. Mittendrin e. V. 2012). Aus der Sicht von Lehrkräften stellt sich die Arbeit in Klassen, die auch Schüler:innen mit Beeinträchtigungen im Bereich der kognitiven Entwicklung umfassen, folgendermaßen dar:

»Die Arbeit in solch heterogenen Lerngruppen erfordert neben personellen Ressourcen offene Unterrichtsformen wie Lernarrangements, Partner:innen- und Gruppenarbeit, Werkstatt- und Stationslernen, Freiarbeit und Wochenplanarbeit, Projektunterricht, die Installation von Helfer:innenprinzipien, Differenzierungsmöglichkeiten und ein breites Angebot an Lernmaterialien, das Wiederholungsangebote und Handlungsorientierung berücksichtigt« (ebd., 175).

Hier werden in sehr kompakter Form eine Reihe von Rahmenbedingungen, Unterrichtsprinzipien und Unterrichtsformen im Kontext inklusiver Schule angesprochen, die auch als Resultat der Begleitung integrativer Schulprojekte über Jahrzehnte hinaus über die entsprechende Literatur weitergegeben wurden und unterschiedlich gut eingelöst werden konnten.

Mit Wurzeln in psychologischen Arbeitsgebieten wird der Begriff des ›selbstregulierten Lernens‹ verwendet. Synonym werden dazu auch Begriffe wie ›selbstorganisiertes‹ und ›selbstgesteuertes Lernen‹ verwendet (vgl. Nett & Götz 2019). Eine Definition lautet:

»Selbstreguliertes Lernen ist eine Form des Erwerbs von Wissen und Kompetenzen, bei der Lerner[:innen] sich selbständig und eigenmotiviert Ziele setzen sowie eigenständig Strategien auswählen, die zur Erreichung dieser Ziele führen und durch Bewertung von Erfolgen bezüglich der Reduzierung der Ist-Soll-Differenz Ziele und Aktivitäten im Hinblick auf eine Erreichung des Soll-Zustandes prozessbegleitend modifizieren und optimieren« (Götz & Nett 2017, 146).

Hier steht ein festgelegtes Ziel im Mittelpunkt, das von den Lernenden gesetzt wird. Ausgehend von einer instruktionspsychologischen Grundlegung (vgl. Boekaerts, Pintrich & Zeidner 2005) liefert dieser Zugang Hinweise für die Ermöglichung von Gestaltungsspielräumen für Schüler:innen. So existieren Modelle selbstregulierten Lernens, die auf einzelnen Komponenten wie etwa Lerntechniken und Strategien zur Steuerung hinzielen. Andere Modelle fokussieren den zeitlichen Ablauf (vgl. Nett & Götz 2019). Wissenschaftliche *Prozess*modelle selbstregulierten Lernens fragen, was vor dem Lernen geschieht, was sich während der Lernhandlung ereignet und was danach fortwirkt (ebd., 73). *Komponenten*modelle schauen eher auf inhaltliche Aspekte wie konkrete Lerntechniken und übergeordnete Strategien des Lernprozesses. Selbstreguliertes Lernen steht daher eher für Verfahrensweisen der Beschreibung von Lernprozessen denn als Handlungsstrategie für praktisch tätige Pädagog:innen.

Auch wenn es bislang an Studien fehlt, die gezielt auf Aspekte der motorischen und kognitiven Entwicklung fokussieren, so ist es naheliegend, die Möglichkeiten dieses Zugangs zu sondieren, insbesondere um inhaltliche und zeitliche Aspekte des Lernvorgangs zu beschreiben und darauf aufbauend pädagogische Handlungskonzepte zu initiieren.

3.4.5 Selbstbestimmung in Lernumgebungen

Ein älterer Zugang, in dem die Gestaltung der Lernumgebung, aber auch die Selbsttätigkeit eine herausragende Rolle spielt, ist die so genannte ›konduktive Pädagogik‹, die von Andras Petö (1895–1967) in Ungarn für Kinder mit einer Diagnose im Bereich der cerebralen Bewegungsstörungen entwickelt wurde (vgl. Biewer 2002). Im Unterschied zu anderen Ansätzen bei Kindern mit Beeinträchtigungen im Spektrum der motorischen Beeinträchtigungen verzichtet sie auf Hilfsmittel wie z. B. Rollstühle, weil diese – so die dahinterliegende Idee – zu Passivität bei Kindern führen würde. Die konduktive Pädagogik ist ein gruppenpädagogischer Ansatz, bei dem alle Kinder die gleichen Übungen machen, allerdings mit individualisierten Hilfestellungen. Es werden nur solche Übungsmaterialien akzeptiert, die die Tätigkeit des Kindes anregen. Dazu gehören spezielle Gegenstände und solche Hilfsmittel, die Sicherheit geben, aber gleichzeitig Korrekturen in Bewegungsabläufen ermöglichen. Trotz des gruppenpädagogischen Ansatzes können Bezüge zu dem sehr individualisierenden Zugang nach Montessori hergestellt werden: Die Dominanz von Lernumgebung und Eigenaktivität des Kindes stehen in beiden pädagogischen Zugängen im Vordergrund.

Es stellt sich aber die Frage, wo hier die Verbindung zum Lernen in der inklusiven Schule herzustellen ist. Konduktive Pädagogik zielt in erster Linie auf die Aneignung von Bewegungsabläufen für Kinder im Vorschulalter, um diesen größtmögliche Unabhängigkeit und die Einschulung in die reguläre Schule des Wohngebiets zu ermöglichen. Die Prinzipien müssen aber in den nachfolgenden Schuljahren von den Lehrkräften beachtet werden, um ›Rückschritte‹ zu vermeiden und weitere Entwicklungsprozesse der Motorik zu ermöglichen. Dies gilt sowohl für die Primar- wie für die Sekundarstufe.

3.5 Pädagogische Förderung, individuelle Hilfen, therapeutische Intervention und pflegerische Tätigkeiten

Beeinträchtigungen im Bereich der kognitiven und/oder motorischen Entwicklung können aufgrund medizinischer Ursachen oder sonstiger Umstände bedingen, dass therapeutische bzw. pflegerische Routinen oder Eingriffe in regelmäßigen oder unregelmäßigen Abständen notwendig werden. Häufig werden die Grenzen von Inklusion mit dieser Gruppe und v. a. diesen spezifischen Bedarfen in Verbindung gebracht und das Argument der Notwendigkeit geeigneter, besonderer Schulstandorte oder spezialisierter Fachkräfte ins Treffen geführt (vgl. Ehrenstein 2007). Die Abhängigkeit von therapeutischen und pflegerischen Maßnahmen wird häufig als eines der zentralen Argumente für die Grenzen der Beschulung in inklusiven

3.5 Pädagogische Förderung

Settings angeführt (vgl. Wieczorek 2007, Lelgemann 2014). Pädagogische und therapeutische Notwendigkeiten werden meist als nebeneinanderstehend und nicht als integraler Bestandteil schulischer Inklusion gedacht (vgl. Leyendecker 2005, Lelgemann 2010). Dies trifft vor allem auf die Gruppe derjenigen Schüler:innen zu, denen komplexe Formen der kognitiven und/oder motorischen Beeinträchtigung zugeschrieben werden. Neben geeigneter pädagogischer Implikation ergeben sich bezogen auf diese spezifische Gruppe auch Bedarfe, die für die Verwirklichung bzw. Umsetzung schulischer Inklusion nicht-pädagogische oder nicht ausschließlich pädagogische Tätigkeiten bedingen und dadurch den Bedarf an zusätzlichen Fachkräften aufwerfen. Die Forderung danach ist umso dringlicher, als Kinder und Jugendliche mit zugeschriebenen Behinderungen in diesem Spektrum wie keine andere Gruppe von Segregation oder gar schulischer Exklusion betroffen sind. So beschreibt beispielsweise Wieczorek (2007), dass in einigen deutschen Bundesländern immer wieder Ausnahmen vom Schulbesuch erwirkt wurden. Dabei ist anzumerken, dass all dies im Sinne der Schüler:innen bzw. deren zu starker Belastung durch eine inklusive Schulform argumentiert wird (vgl. hierzu den Diskurs zur Sonderschule als Schonraum, z. B. Terzi 2010). Auch Fragen nach der Qualität von akademischen Anteilen am Unterricht stellen sich für diese Gruppe in besonderem Maße, da pflegerischen und therapeutischen Maßnahmen bzw. Bedarfen mitunter mehr Zeit eingeräumt wird oder Prioritäten zugeschrieben werden. Eine Verschränkung pflegerisch-therapeutischer mit pädagogischen Tätigkeiten ist bisher nicht gelungen. Pflegerische und therapeutische Interventionen finden meist in segregierten Räumlichkeiten statt, sind tabuisiert und führen mitunter dazu, dass Schüler:innen Anteile am Unterricht verpassen oder Teile ihrer Freizeit einbüßen. Natürlich ist bei der Umsetzung eines auch pflegerische Aspekte beachtenden inklusiven Settings zu berücksichtigen, dass das Recht auf Intimität nicht verletzt wird.

Trotz der bereits angeführten erhöhten Wahrscheinlichkeit der Exklusion bzw. Segregation im Schulsystem ist es demgegenüber al-

3 Pädagogisches Handeln

lerdings dennoch wichtig, darauf hinzuweisen, dass der Schulbesuch für Schüler:innen mit Pflegebedarf aufgrund medizinischen und pädagogischen Fortschritts mittlerweile (trotz ggf. möglicher Herausforderungen) selbstverständlich sein kann:
Neben der Zunahme der Schüler:innengruppe mit schwerster Behinderung zeigen sich in der Praxis ebenfalls veränderte Aufgabenstellungen. Durch Fortschritte in der Neonatal- und Intensivmedizin besuchen zunehmend Kinder die »Schule für Körperbehinderte«, die nicht nur als komplex behindert gelten, sondern auch schwer krank und infolge auf umfassende medizinisch-pflegerische Versorgung angewiesen sind. Besonders belastend werden hierbei von den Schulen Probleme mit der Nahrungsaufnahme wie Verschlucken, Sondierung, Aspirationsgefahr und Probleme um das Feld der Atmung – Tracheostoma-Versorgung, Verschleimung, Erstickung, Absaugen, Versorgung mit dem Beatmungsgerät – empfunden. (vgl. Wieczorek 2007, 11)

Es sind also komplexe heterogene Bedarfe, die sich bei Schüler:innen mit hohem Pflegebedarf ergeben können. Eine besondere Herausforderung stellt sich hierbei auch in der (thanato-)pädagogischen Arbeit mit Kindern und Jugendlichen, deren Beeinträchtigung (bzw. damit einhergehende Krankheiten) lebensverkürzende Implikationen haben kann. Häufig gehen mit komplexen Formen der Beeinträchtigung auch (chronische) Krankheiten einher, was die Notwendigkeit einer medizinischen Überwachung (z. B. künstliche Ernährung) nach sich ziehen kann. Vor allem ergeben sich aber auch regelmäßige pflegerische Bedarfe (z. B. Begleitung beim Toilettengang, Wechseln der Inkontinenzversorgung) (vgl. Wieczorek 2007).

3.5.1 Disziplinäre Grenzen und Herausforderungen: Inklusive Pädagogik, Therapie, Förderung und Pflege

Wie oben einleitend betont wurde, ergeben sich in der schulischen Arbeit mit Kindern und Jugendlichen mit Zuschreibungen im Bereich der kognitiven und/oder motorischen Entwicklung neben didaktischen Fragen auch Fragen zur inklusiven Gestaltung bzw. der Einbindung von therapeutischen und pflegerischen Bedarfen. Wichtig ist es dabei, die unterschiedlichen Aspekte nicht als nebeneinander stehend und abseits inklusiver Bemühungen zu denken. Klieme und Warwas (2011, 805) definieren individuelle Förderung »als erzieherisches Handeln unter konsequenter Berücksichtigung personaler Lern- und Bildungsvoraussetzungen«. Sie unterscheiden drei Varianten, die die enge Verknüpfung zwischen Förderung und Didaktik aufzeigen: Kompensatorische Trainings- und Zusatzangebote, vielfältige Lernwege durch offenen Unterricht und/oder Binnendifferenzierung durch adaptiven Unterricht.

Im Folgenden wird in Anlehnung an Leyendecker (2005) und ohne Anspruch auf Vollständigkeit ein Ordnungsversuch unternommen, welcher zwischen pädagogischer Förderung (1) und therapeutischen Interventionsmöglichkeiten (2) differenziert.

1 Spezifische und weiterführende pädagogische Förderung:

- Psychomotorik
- Konduktive Förderung nach Petö (▶ Kap. 3.4.5)
- Heilpädagogik
- Funktionelles Training
- Sport
- Basale Stimulation

Auf Letztere soll im Folgenden näher eingegangen werden: Für eine bestimmte Gruppe von Schüler:innen kann die Gestaltung der Lernumgebung, welche spezifische Sinne besonders anregt, lernförderlich sein und dazu beitragen, dass Schüler:innen sich wohlfühlen und dem Unterricht so besser folgen bzw. sich Lerninhalte leichter erschließen können. Ein solcher Ansatz ist die ›basale Stimulation‹, welche impliziert, dass Schüler:innen in geeigneter Umgebung entlang spezifischer Prinzipien über den Einsatz von Licht, Farben, Musik und/oder Bewegung didaktisch angeregt werden können (vgl. Bienstein & Fröhlich 2017). Mitunter kann diese Intervention in gesonderten Räumlichkeiten stattfinden. Dieser vorübergehende Rückzug bzw. diese individualisierte Intervention kann – nicht nur für Schüler:innen mit zugeschriebenen Behinderungen – eine Entspannung vom Regelalltag und dem gemeinsamen Klassenraum bedingen, welcher mitunter ein Stressfaktor für Schüler:innen sein kann. Dabei ist darauf zu verweisen, dass es sich hierbei ausschließlich um kurze Sequenzen des Rückzugs handeln darf, keinesfalls jedoch um einen Ausschluss aus dem Klassenkollektiv (z. B. zugunsten der Klassenteilung in manchen Unterrichtsfächern oder als ›Time-Out-Room‹).

2 Therapeutische Interventionsmöglichkeiten:

- Physiotherapie
- Vojta-Prinzip
- Bobath-Therapie
- Ergotherapie
- Sprachtherapie

Im Kontext der Auseinandersetzung mit Fragen nach der Integration von Pflege in den schulischen Alltag treten insofern rechtliche Grauzonen auf, als vielfach ungeklärt bleibt, inwieweit pädagogisches Personal auch medizinische oder pflegerische Tätigkeiten übernehmen darf bzw. in Ermangelung von Alternativen sogar übernehmen muss. Die Grenze zwischen pädagogischem und pflegerischem Handeln kann mitunter fließend sein. Schlichting definiert folgende Aspekte unter der Überschrift *Pflege als basaler Bildungsprozess* (2019, 356 ff.):

- Pflege als kulturelle Erfahrung
- Rituale in der Pflege
- Möglichkeiten der Wahrnehmungsförderung
- Fähigkeiten und Fertigkeiten erwerben

3.5 Pädagogische Förderung

Die Autorin macht also im pflegerischen Prozess selbst Lernpotenziale aus, verweist aber auch sehr klar auf sich aus dem Eindringen in die Privatsphäre ergebende Herausforderungen und Grenzen. Kommt es beispielsweise im Zuge des Unterrichts dazu, dass ein:e Schüler:in Unterstützung beim Toilettengang einfordert oder diese notwendig wird, kann die Situation unterschiedlich gelöst werden: Der Unterricht wird fortgesetzt und eine zusätzliche Lehr- und/oder Pflegekraft bzw. pflegerisch geschulte Fachkraft erledigt die pflegerische Tätigkeit in einem anderen Raum oder aber der Unterricht wird unterbrochen und die pflegerische Tätigkeit vollzogen. Als dritte Möglichkeit könnte die pflegerische Notwendigkeit Teil der pädagogischen Tätigkeit werden. Auch die Grenzen zwischen pädagogischer und pflegerischer Tätigkeit oder individualisierter Hilfestellung sind mitunter nicht klar, wie mittels folgender Abbildung illustriert werden kann (Abb. 3.6). Aus der Abbildung geht hervor, dass der Unterschied in der Begleitung und individuellen Hilfestellung als Kontinuum gedacht werden kann und es je nach Situation und Zuschreibung eindeutig pädagogische und eindeutig pflegerische Aufgaben geben kann, dazwischen aber auch solche, die nicht eindeutig zugeordnet werden können:

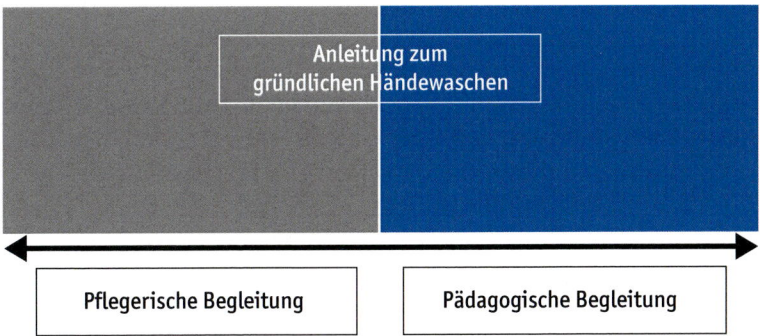

Abb. 3.6: Pflegerische und pädagogische Ansätze als Kontinuum

3.5.2 Professionelle und strukturelle Bedarfe

Laut Leyendecker (2005) bedingt die Zuschreibung einer Behinderung im Bereich des Spektrums der motorischen Entwicklung in besonderem Maße die Motivation bei Fachkräften, Hilfestellung leisten zu wollen. Dies bedarf allerdings geeigneter Ausbildung und Ausstattung sowie der Einbindung von entsprechend geeigneten Angeboten und Maßnahmen in den pädagogischen Alltag. In diesem Kontext ergeben sich auch Fragen an die Ausbildung zukünftiger Lehrkräfte: Welchen Stellenwert wird die Vorbereitung auch auf pflegerische Fragen einnehmen? Welche Formen der Weiterbildung werden im Bedarfsfall zur Verfügung stehen? Studien belegen, dass Lehrkräfte, die pflegerische Tätigkeiten ausüben, sich nicht gut genug informiert fühlen (vgl. Schlüter 2013); Wissenslücken ergeben sich in wissenschaftlicher Rezeption v. a. im Bereich der Überschneidung von Pflege, Schule und Pädagogik.

Schulstandorte bedürfen häufig auch einer zusätzlichen infrastrukturellen Ausstattung. Neben der barrierefreien Gestaltung des Gebäudes sind hierbei zum Beispiel auch zusätzliche Räume für das Wechseln der Inkontinenzversorgung oder sterile Umgebungen für den Wechsel von Zugängen etc. notwendig (vgl. Lelgemann 2014). Darüber hinaus bieten einige Schulstandorte auch speziell ausgestattete Räume für therapeutische oder weiterführende pädagogische Implikationen an, wie zum Beispiel Ruheräume, Orte für physiotherapeutische Einheiten oder Schwimmbecken. Diese Zusatzräume und die damit zusammenhängende Ausstattung sind meist auf sonderschulische Standorte beschränkt, könnten aber natürlich einen Mehrwert für alle Schüler:innen darstellen und im Sinne der Umsetzung inklusiver Lernumgebungen umgestaltet, erweitert oder in der Nutzung umgedeutet werden.

Klar ist, dass die UN-Behindertenrechtsonvention geeignete und altersadäquate Formen der Pflege vorsieht, um die volle Teilhabe an allen Formen des gesellschaftlichen Alltags sicherzustellen (vgl. Klauß 2014). Es bedarf also der Integration pflegerischer Tätigkeiten in den inklusiven Schulalltag, um die uneingeschränkte Partizipation für alle Schüler:innen zu ermöglichen. Hierfür ist weiterhin an geeigneten innerschulischen, multidisziplinären Kooperationen zu arbeiten, um inklusive Lernumgebungen zu schaffen, die tatsächlich allen Schüler:innen die Gelegenheit bieten, Schule ohne jegliche Form von Barrieren zu erfahren. Dies darf aber nicht stillschweigend darauf beruhen, dass pädagogische Fachkräfte sich entlang rechtlicher Grauzonen bewegen bzw. der Schulbesuch einzelner Kinder und Jugendlicher an der Bereitschaft weniger Pädagog:innen hängt, die freiwillig, unbezahlt und rechtlich nicht eindeutig geregelt zusätzliche Aufgaben übernehmen. Offene Fragen beziehen sich auf die Ausbildung von zukünftigen Lehrpersonen und anderem Fachpersonals (vgl. Jennessen & Lelgemann 2016), Grenzen der medizinischen Verantwortung, das Recht auf Ablehnung von pflegerischer Hilfestellung durch rein pädagogisch ausgebildetes Personal und dem korrespondierenden gesetzlichen Rahmen hinsichtlich der Ausbildung, Bezahlung und den Einsatz von Zusatzpersonal in der Schule.

3.6 (Leichte) Sprache und (Unterstützte) Kommunikation

Ein Bereich, der leider ebenso wenig Beachtung findet wie pflegerische Tätigkeiten im pädagogischen Setting, ist das Thema (leichte) Sprache und (unterstützte) Kommunikation – und das, obwohl Sprache und Kommunikation den Dreh- und Angelpunkt nicht nur pädagogischen Handelns, sondern jedweder Form des gesellschaftlichen Zusammenlebens bilden: Kommunikation »hält Gesellschaften zusammen und ist das Wesen aller Organisation, Kommunikation fördert die Behandlung von Konflikten und das Finden von Entscheidungen, Kommunikation stiftet Konsens und leistet soziale Kontrolle, Kommunikation ist Vehikel aller Kultur und Medium des Austauschs – kurzum: Kommunikation ist unverzichtbar« (Merten

1977, 9). Dementsprechend ist Kommunikation für alle Menschen wesentliches Moment, um sich austauschen und mitteilen zu können – und zwar nicht nur, um Grundbedürfnisse zu äußern, sondern auch um Witze zu erzählen, Klatsch und Tratsch weiterzutragen, zu singen, zu reimen, Nonsens zu plaudern, zu schimpfen, zu streiten u.v.m. Selbstverständlich gilt dies auch für behinderte Personen – und hier insbesondere für jene, die in ihren kommunikativen Möglichkeiten behindert werden.

Kommunikation steht in enger Beziehung zu Sprache bzw. unterschiedlichen Formen von Sprache. Sprache ist gleichsam der gemeinsame Nenner, auf dem Kommunikation aufbaut und erfolgen kann; sie ist das System, auf das sich miteinander kommunizierende Menschen einigen. Dabei spielen nicht nur Lautsprachen wie Englisch, Deutsch, Farsi oder Amharisch eine Rolle, sondern auch Gesten, Mimik, Laute u.ä. Kurz gesagt: Alles kann zur Sprache werden, solange die miteinander kommunizierenden Personen sich gleichermaßen desselben Systems bedienen und dieselben Interpretationen der jeweils gewählten Sprache vornehmen. Beispielhaft angeführt werden kann für solcherlei Sprachsysteme – hier auf Gesten basierend – etwa das Nicken, das in vielen Ländern der Welt als Bejahung verstanden wird, in einigen Regionen z.B. Indiens oder auch Griechenlands aber exakt gegenteilig interpretiert wird.

Behinderte Personen machen nur allzu oft die Erfahrung, dass der ihnen entgegengebrachte Sprachgebrauch und die damit verknüpften Kommunikationsformen ausschließend und mitunter codiert, aber auch verniedlichend und verkürzt präsentiert wird (vgl. Kremsner 2017).

> **Beispiele für exkludierenden Sprachgebrauch**
> Ein Beispiel für ausschließende und codierte Kommunikation wäre etwa ein Gespräch zwischen Pädagog:innen und medizinischem Personal *über* (und nicht *mit*) behinderte(n) Personen, obwohl diese sich im selben Raum befinden. Verschärft würde dies, indem bei einem solchen Gespräch zum Beispiel Kürzel aus

3.6 (Leichte) Sprache und (Unterstützte) Kommunikation

> dem ICD-10-Code (▶ Kap. 2.4.1) verwendet werden, welche wiederum von den dadurch adressierten Personen oftmals nicht verstanden werden können. Verniedlichende und verkürzte Formen der Kommunikation könnten sich hingegen beispielsweise so zeigen, dass Fachkräfte die Einnahme von Psychopharmaka als ›Einschlafhilfe‹ vermitteln, anstatt über die volle Wirkung samt Nebenwirkungen aufzuklären. Hier wird Sprache (und Kommunikation) zum Herrschaftsinstrument: Den durch solcherlei Kommunikationsformen adressierten Personen bleibt die Teilhabe am Gespräch und dem damit verbundenen Informationsfluss verwehrt. Menschen *werden* auf diese Weise behindert (Kremsner 2017).

Kommunikation ausschließende, stigmatisierende oder auch diskriminierende Praktiken finden einer Vielzahl behinderter Personen gegenüber Anwendung. Für jene, die als ›Menschen mit Lernschwierigkeiten‹ und/oder als so genannte »nicht (verständlich) sprechende Menschen« (Boenisch 2017, 237) – etwa in Folge von cerebralen Bewegungsstörungen oder progredienten Erkrankungen (▶ Kap. 2.2.1) – behindert werden, trifft dies allerdings in besonderem Maße zu. Das Wissen um die und der kompetente Umgang mit alternativen Sprach- bzw. Kommunikationsformen vermag zu einer Reduktion diskriminierender Praktiken im Kontext von Kommunikation beitragen, weshalb im Folgenden auf zwei solcher Ansätze eingegangen wird. Beide können und sollen auch in Schule und Unterricht fruchtbar eingesetzt werden.

3.6.1 Leichte Sprache

›Leichte Sprache‹ entstammt der *Selbstvertretungs-* bzw. *People-First-Bewegung* (also dem politischen Zusammenschluss von Menschen mit Lernschwierigkeiten zum Zweck der Einforderung der ihnen verwehrten Rechte, ▶ Kap. 2.5). Sie ist aus dem Anspruch heraus entwickelt worden, dass Menschen mit Lernschwierigkeiten sich selbst als gleichberechtigte Mitglieder der Gesellschaft vertreten und ihr Leben selbstbestimmt gestalten können. Dazu müssen und wollen sie, wie alle anderen Menschen auch, verstehen, worum es geht. Zudem soll nicht (weiter) *über* sie, sondern *mit* ihnen gesprochen und entschieden werden (vgl. Dworski & Völz 2016). Leichte Sprache ist allerdings »nicht im engeren Sinne eine Sprache, sondern eine Varietät im Diasystem des Deutschen« (Duden Leichte Sprache 2016, o. S.). Sie zielt darauf ab, Barrieren v. a. im Bereich der Schriftsprache (aber auch im Bereich der Lautsprache) abzubauen, indem Texte besser lesbar und verständlicher aufbereitet werden (vgl. Dworski & Völz 2016).

Spätestens mit der Unterzeichnung und Ratifizierung der UN-Behindertenrechtskonvention (UN-BRK) in den deutschsprachigen Ländern kommt Leichter Sprache eine verstärkte Bedeutung zu. In den Artikeln 9 (Barrierefreiheit), 21 (Recht auf freie Meinungsäußerung, Meinungsfreiheit und Zugang zu Informationen) sowie auch – und dies ist für das vorliegende Buch von besonderer Relevanz – 24 (Bildung) wird das Recht auf alternative Kommunikationsformen explizit betont (vgl. für Deutschland BGBl 2008 II sowie für die in Österreich geltende Fassung der UN-BRK BGBl 105/ 2016). Damit ist der Einsatz von Leichter Sprache auch in Schule und Unterricht einzufordern und zu berücksichtigen. Nicht zufällig gründete sich zeitgleich mit der Veröffentlichung der UN-BRK durch die Vereinten Nationen im Jahr 2006 im deutschsprachigen Raum das ›Netzwerk Leichte Sprache‹,[7] das sich neben der Systematisierung von (auf der Website einsehbaren) Regeln für Leichte Sprache und dem Prüfen von Texten in Leichter Sprache folgendes Ziel – folgerichtig bereits in entsprechend einfachen Formulierungen dargestellt – setzt[8]:

---

7 vgl. https://www.leichte-sprache.org.
8 vgl. https://www.leichte-sprache.org/unsere-ziele/.

3.6 (Leichte) Sprache und (Unterstützte) Kommunikation

Leichte Sprache ist für viele Menschen wichtig.
Das sollen alle Menschen verstehen.
Darum sprechen wir über Leichte Sprache.
Und wir machen Werbung für Leichte Sprache.
Wir wollen, dass es mehr Leichte Sprache gibt.
Für Menschen mit Lern-Schwierigkeiten gibt es nur wenig zum Lesen.
Es fehlen Bücher und Informationen in Leichter Sprache.
Das wollen wir ändern.
Jeder Mensch hat das Recht auf Informationen und Bücher.

Leichte Sprache findet mittlerweile nicht nur von und für Menschen mit Lernschwierigkeiten Anwendung, vielmehr hat sich der Kreis der davon profitierenden Personen deutlich erweitert:

> »Auch Personen mit Leseschwierigkeiten oder Personen nicht deutscher Muttersprache, also Personen mit eingeschränkten Deutschkenntnissen, werden als Adressat:innen ebenso angeführt wie alte Menschen oder auch gehörlose Personen. Und nicht zuletzt, wenn es darum geht, in bestimmten Situationen Schwierigkeiten beim Verständnis komplexer Sachverhalte überwinden zu helfen, bietet sich Leichte Sprache als probates Mittel an, sich an die gesamte Sprachgemeinschaft zu wenden« (Plangger 2016, o. S.).

3 Pädagogisches Handeln

Gerade Unterricht zielt darauf ab, ›komplexe Sachverhalte‹ – wie im Zitat soeben angesprochen – zu vermitteln. Leichte Sprache bietet sich dementsprechend ganz besonders für den Einsatz und die Verwendung in Schulkontexten an. Nur allzu oft bedient sich die im Unterricht verwendete Sprache eines mitunter unnötigen Komplexitätsgrades, der sich leicht vereinfachen ließe, ohne an Inhalt oder gar Qualität zu verlieren. Dies brächte Vorteile nicht nur für Schüler:innen mit Lernschwierigkeiten (und/oder ggf. mit einer anderen Erstsprache als Deutsch bzw. für gehörlose Schüler:innen, siehe letzter Abschnitt), sondern mitunter für alle Schüler:innen, die dann dem Unterricht besser folgen könnten.

Leichte Sprache folgt ausdifferenzierten, mittlerweile systematisierten und umfassenden Regeln, die selbstverständlich aber gegebenenfalls entsprechend individueller Bedarfe angepasst werden können. Eine Kurzzusammenfassung dieser findet sich – übrigens auch hinsichtlich der Formatierung bereits als Beispiel für Leichte Sprache – bei WIBS, einer Tiroler Selbstvertretungsorganisation:

Es gibt Regeln für leichte Sprache.
Es wird Arial als Schrift verwendet.
Mit der Schriftgröße 16.
Wir achten darauf kurze Sätze zu schreiben.
Wir verwenden dabei auch Bilder.

(vgl. WIBS 2013, o. S.)

Leichte Sprache verwendet also ein einheitliches Schriftbild, das idealerweise digital bereitgestellt wird. Im Schulkontext ist dies insofern von besonderer Bedeutung, als an die Tafel geschriebene

3.6 (Leichte) Sprache und (Unterstützte) Kommunikation

Handschriften mitunter sehr schwer zu entziffern sind. Schüler:innen, die beim Lesen ohnehin herausgefordert sind, werden dadurch zusätzlich behindert. Einheitlich am PC zu schreiben, vermag dies zu minimieren.

Eine große Schriftgröße – bei ausgedruckten Texten mindestens 16 Punkt – trägt dazu bei, dass Texte deutlich leichter gelesen werden können. Viele Schüler:innen sind kurz- oder weitsichtig, aber nicht alle tragen Sehhilfen oder wissen gar um deren Notwendigkeit. Ihnen kommt eine größere Schrift entgegen; für alle anderen Schüler:innen bringt sie keine Nachteile. Zudem erleichtert eine größere Schrift die Orientierung im Text bzw. auf der zu lesenden Seite.

Kurze Sätze erhöhen die Lesbarkeit deutlich. Texte sind generell »umso verständlicher, je niedriger die durchschnittliche Buchstaben- respektive Silbenzahl pro Wort und die durchschnittliche Wortzahl pro Satz sind« (Duden Leichte Sprache 2016, 128). Entsprechend derselben Quelle gelten maximal 15 Wörter pro Satz als lesbar im Kontext der so genannten ›schweren Sprache‹. Für Leichte Sprache ist die Anzahl der Wörter dementsprechend zu reduzieren. Die Verwendung kurzer Sätze im Unterricht eignet sich ganz besonders, da nicht zwingend in allen Unterrichtsfächern komplexe Satzstrukturen etabliert werden müssen.

Texte können durch den Einsatz von Bildern, Symbolen oder Piktogrammen zusätzlich verständlicher und nachvollziehbarer gemacht werden, denn sie vermögen die Aneinanderreihung von Buchstaben aufzubrechen.

Welche Bilder, Symbole oder Piktogramme kann, darf oder soll ich in meinem Unterricht verwenden?
Wer die im eigenen Unterricht verwendeten Texte durch Bilder anreichern möchte, kann dies auf unterschiedliche Arten tun: Selbstgemachte Fotos bilden realistisch die Umgebung und den Alltag der Schüler:innen ab. Aus dem Internet kopierte Bilder, Grafiken und Piktogramme sind leicht verfügbar und gratis. Zu

> beachten sind hier allerdings die Urheberrechte. Darüber hinaus sind Bilder aus dem Internet möglicherweise für einzelne Personen nicht eindeutig genug – hier ist auf individuelle Bedarfe zu achten.
>
> Es existiert eine Fülle an Bild- und Piktogramm-Datenbanken, die speziell für Unterstützte Kommunikation (siehe nachfolgender Abschnitt) konzipiert wurden. Beispielhaft angeführt seien hier zum Beispiel »Metacom« oder »Boardmaker«. Diese sind bei vielen (wenngleich selbstverständlich bei weitem nicht bei allen!) behinderten Menschen bekannt, weil sie insbesondere in pädagogischen Kontexten sehr oft zum Einsatz kommen. Der Nachteil dieser Datenbanken ist allerdings, dass sie kostenpflichtig sind. Dazu kommt, dass auch diese Symbole für einzelne Personen nicht eindeutig genug sein könnten.
>
> Selbstverständlich sind der Kreativität hier keine Grenzen gesetzt: Es können auch individuelle Systeme entwickelt werden.

Gerade weil sich Leichte Sprache zunehmend durchzusetzen beginnt (mittlerweile finden sich z. B. bei sehr vielen Online-Nachrichtenmedien eigene Rubriken in Leichter Sprache), wächst auch die Kritik an ihr. Prominente Personen sowohl aus verschiedenen Wissenschaften als auch aus Kunst, Politik und Journalismus unterstellen, »man wolle das Bildungsniveau absenken oder einen einseitigen neuen ›Standard für alle‹ schaffen« (Dworski & Völz 2016, o. S.). Solcherlei Debatten finden auch für den Bereich Schule und Unterricht statt – und zwar insbesondere im Kontext eines vermeintlichen ›Absenkens‹ des Bildungsniveaus bei inklusiver Beschulung. Dabei nicht thematisiert wird allerdings, wem Leichte Sprache nützt – und das sind bei Weitem nicht nur diejenigen Schüler:innen, die in ihrer kognitiven Entwicklung behindert werden, sondern vielmehr alle, die (auch situativ) in der Aneignung komplexer Inhalte herausgefordert sind.

Während jedoch die Mehrheit der Menschen auf für sie geeignete Textformen zurückgreifen kann, bleibt dies Menschen mit

Lernschwierigkeiten oftmals verwehrt. Die Verweigerung der Verwendung Leichter Sprache würde also nach sich ziehen, dass diese Personengruppe weiterhin von gleichberechtigter gesellschaftlicher Teilhabe (bzw. im konkreten Kontext dieses Studienbuches von der Teilhabe an Bildung in Schule und Unterricht) ausgeschlossen bliebe. Großflächig angelegte Studien über die Wirksamkeit von Leichter Sprache für diese Zielgruppe sind nach wie vor leider rar, sodass derlei Kritik nur schwer entkräftet werden kann. In kleineren Studien zeigt sich jedoch, dass Leichte Sprache seitens der Adressat:innengruppe wie auch von mit ihnen zusammenarbeitenden Personen als äußerst nützlich wahrgenommen wird, wie dies z. B. Bergelt, Goldbach und Seidel (2016) im Kontext des Arbeitslebens von Menschen mit Lernschwierigkeiten entlang von 323 deutschlandweit erfassten Datensätzen nachweisen. Es ist davon auszugehen, dass diese Ergebnisse auch auf andere Lebensbereiche, möglicherweise sogar auf andere Zielgruppen (siehe oben) übertragen werden können; entsprechende Studien dazu sind dringend nachzuholen.

3.6.2 Unterstützte Kommunikation

Unterstützte Kommunikation (kurz: UK) – auf Englisch und im internationalen Sprachgebrauch *Augmentative and Alternative Communication* (AAC) – setzt sich die »Ermöglichung gelingender Kommunikation von Menschen mit schwer verständlicher und fehlender Lautsprache« (Boenisch 2017, 237) zum Ziel. Um dies zu verwirklichen, kommen laut- und schriftsprachenergänzende bzw. ersetzende Kommunikationsformen und -modi zum Einsatz, die vorab bzw. nach und nach eingeübt und gelernt werden (vgl. Lage 2016). Laut- und Schriftsprache ergänzende Kommunikation kann um Laute, Wörter, Objekte, Bilder und Symbole, Berührungen, Bewegungen, Gebärden, Geräusche und Klänge, Mimik, Gestik und Blicke erweitert werden. Es können sowohl körpereigene Kommunikationsformen als auch elektronische und/oder analoge Kommunikationshilfen verwendet werden, denn Unterstützte Kommunikation ist immer multimodal.

An analogen bzw. *nicht-elektronischen Kommunikationsmitteln* sind zumeist (aber bei Weitem nicht immer, da der Kreativität der Anwender:innen hier keine Grenzen gesetzt sind) Kommunikationskästen, -tafeln oder -bücher sowie einzelne Bild- und Wortkarten im Gebrauch. Ähnlich dem Einsatz von Bildern und Symbolen im Kontext Leichter Sprache und den damit einhergehenden Limitationen (siehe vorangegangener Abschnitt) werden diese analogen Kommunikationssysteme zumeist aus individuellen Fotos, Bildern und Piktogrammen aus dem Internet oder aber aus Bild- und Symboldatenbanken zusammengestellt; Kombinationen aus allen drei Quellen sind selbstredend möglich. Als bereits ›fertige‹, das heißt vorab zusammengestellte Lösung bietet sich der Einsatz der von Kolleg:innen an der Universität zu Köln entwickelten ›Kölner Mappe‹ an. Diese ist allerdings ebenso wie die meisten Bild- und Symbol-Datenbanken kostenpflichtig.

Bei analogen (wie auch bei digitalen) Kommunikationssystemen gilt, dass sowohl die kommunizierende als auch die zuhörende Person über die Bedeutung der Symbole und Bilder aufgeklärt sein muss. Zumindest bezugnehmend auf die Zuhörer:innenschaft wohl am einfachsten nachvollziehbar sind dementsprechend Buchstabentafeln, auf denen – einer Tastatur gleich oder zumindest ähnlich – Wörter durch Zeigen auf die jeweilige Buchstaben-Reihenfolge gebildet werden können.

Elektronische Hilfsmittel erstrecken sich von z. B. recht einfach zu bedienenden Tastern (diese sprechen beim Auslösen ein einziges Wort) bis hin zu komplexen computergestützten Systemen z. B. mittels Augensteuerung, die sowohl umfangreiche Bilddatenbanken wie auch alphabetisierte Systeme integriert haben. Zumeist kommen als elektronische Hilfsmittel aber iPads zum Einsatz. Diese sind aufgrund der einfach handhabbaren und v. a. in standardisierten Größen ausgegebenen Hardware deutlich häufiger im Bereich der UK eingesetzt als Android-gestützte Tablets. Die Finanzierung solcherlei Geräte divergiert in den einzelnen deutschsprachigen Län-

3.6 (Leichte) Sprache und (Unterstützte) Kommunikation

dern massiv; regionale Beratungsstellen bieten allerdings kompetente Unterstützung bei der Auswahl und in der Anschaffung an.

> **Beratungsstellen und weiterführende Infos zu UK**
> Eine Übersicht aller namhaften Einrichtungen in Deutschland, Österreich und der Schweiz findet sich auf der Website zum »Handbuch der Unterstützten Kommunikation«.[9] Für den internationalen Raum ist die ›International Society für Augmentative and Alternative Communication‹ (ISAAC) zu empfehlen.[10]

Wie bereits im einleitenden Absatz zu diesem Kapitel betont, ist es gerade auch bei UK von enormer Bedeutung, dass *alle* beteiligten Personen sich das jeweilige Kommunikationssystem aneignen – d. h. konkret, dass nicht nur der:die UK-Nutzer:in in der Handhabung von Hilfsmitteln versiert ist, sondern dass auch die Zuhörer:innen im Umfeld der betreffenden Person lernen, damit umzugehen. Das heißt z. B. auch, sich in Geduld zu üben und zu warten, bis Sätze fertig konstruiert wurden, ohne zu unterbrechen oder vorab vervollständigen zu wollen, um eine Person in ihrer Kommunikation nicht zu behindern. Dazu kommt auch, dass UK auf Kommunikation in ihrer Gesamtheit fokussiert (also auch zum Plaudern, Schimpfen und Witzeerzählen eingesetzt wird) und nicht ausschließlich zum Zweck der Informationsweitergabe und des Ausdrückens von (Grund-)Bedürfnissen verwendet werden soll, wie dies leider allzu oft der Fall ist. Lage (2016, 375; H.i.O.) erkennt hier insofern eine sich allmählich verändernde Zielsetzung von UK, als es nunmehr nicht mehr ausschließlich darum geht, »ein maßgeschneidertes individuelles multimodales Kommunikationssystem zu erarbeiten, [sondern] eine multimodale Kommunikations*kultur* zu entwickeln«. Diese Forderung steht auch im Einklang mit der UN-BRK, die in ihren (auch für Leichte Sprache

---

9 vgl. http://www.vonloeper.de/HdUK/?Weiterfuehrende-Links.
10 vgl. https://www.isaac-online.org/english/home/

relevanten, siehe oben) Artikeln 9, 21 und 24 das Recht auf alternative Kommunikationsformen sicherstellt. Schule und Unterricht sind hiervon keineswegs ausgenommen, sondern werden explizit benannt.

Ebenso wie bei Leichter Sprache ist auch bei UK festzustellen, dass die Zielgruppe der sie nutzenden Personen nicht (mehr) ausschließlich behinderte Personen umfasst. So kann UK z. B. auch bei Schlaganfall-Patient:innen oder demenziell erkrankten Personen verwendet werden (vgl. Lage 2016). Es ist zudem davon auszugehen, dass v. a. elektronisch gestützte UK-Hilfsmittel in wenigen Jahrzehnten vermehrt zum Einsatz kommen werden, wenn im Umgang mit elektronischen Medien geübte ›Digital Natives‹ altersbedingt in ihrer Kommunikation behindert werden. Darüber hinaus vermag UK bzw. Elemente daraus auch beim Erwerb neu zu erlernender Sprachen von Nutzen zu sein – insbesondere dann, wenn nicht nur die Sprache selbst, sondern auch das mit ihr einhergehende Schriftsystem sich neu angeeignet werden muss. Großflächige Studien zum Einsatz von UK in Alphabetisierungskursen fehlen allerdings nach wie vor.

Links

Montagstiftung Jugend und Gesellschaft mit Hinweisen zu Architektur und ganztägiger inklusiver Bildung: https://www.montag-stiftungen.de/

Fragen zur Diskussion

1. Beschreiben Sie die Begriffe Exklusion, Integration und Inklusion anhand der geschichtlichen Entwicklung von Schule! Finden Sie konkrete Beispiele insbesondere bezugnehmend auf Schüler:innen, die in ihrer kognitiven und/oder motorischen Entwicklung behindert werden!

2. Nennen Sie wichtige Aspekte für eine inklusive Gestaltung von digitalen Lern-/Lehrräumen!
3. Wie kann es Ihnen als (zukünftige) Lehrperson gelingen, von der eigenen Machtposition abzurücken und damit Schule, Unterricht und Lernen in der Klassen- und/oder Schulgemeinschaft zu demokratisieren? Finden Sie hierfür möglichst konkrete Beispiele für Ihre eigene Tätigkeit!
4. Wie können Sie Leichte Sprache in Ihrem Unterrichtsfach einsetzen? Welche Möglichkeiten sehen Sie für Ihr Unterrichtsfach, um die verwendete Sprache zu vereinfachen?
5. Erstellen Sie eine Übersicht über die Inhalte des Universal Design for Learning! Worin besteht das Potenzial dieses Ansatzes für zukünftige Lehr-Lern-Prozesse?

4

Strittige Fragen, ungelöste Probleme und mögliche zukünftige Entwicklungen

Worum es geht
Das abschließende Kapitel greift strittige Fragen auf, ungelöste Probleme und Optionen für zukünftige Entwicklungen. Hierzu zählen aktuelle gesellschafts- und bildungspolitische Diskurse, aber auch umstrittene Fragen der institutionellen Entwicklung, wie etwa die Platzierung von Schüler:innen in inklusiven und sonderschulischen Settings. Mit dem Universal Design for Learning steht eine mögliche langfristige Perspektive für die Entwicklung der Didaktik im Raum.

Inklusive Pädagogik ist – wie auch im vorliegenden Band ersichtlich wurde – geprägt durch Widersprüche: Auf der einen Seite lehnt sie Klassifizierungen ab, um so Stigmatisierungen möglichst zu vermeiden; auf der anderen Seite erscheint spezialisiertes Wissen notwendig, um Schüler:innen, die in ihrer kognitiven und/oder motorischen Entwicklung behindert werden, möglichst optimale Lernbedingungen zur Verfügung stellen zu können. Grundständig eigene Zugänge und Handlungsmöglichkeiten einer Inklusiven Pädagogik – auch bzw. vor allem für den Bereich kognitive und/oder motorische Entwicklung – stehen über weite Strecken noch am Anfang. Das nun folgende letzte Kapitel dieses Buches beschäftigt sich explizit mit strittigen Fragen, ungelösten Problemen und möglichen zukünftigen Entwicklungen, die sich anhand rezenter Diskussionen im Fach thematisch gebündelt zusammenführen lassen.

4.1 Gesellschafts- bzw. bildungspolitische Diskurse

Diskurse sind Praktiken, »die systematisch die Gegenstände bilden, von denen sie sprechen« (Foucault 1981, 74). In Diskursen und durch Diskurse – seien dies mediale, wissenschaftliche, fachliche, gesellschaftliche, politische, alltägliche oder andere – werden Bedeutungen ausgehandelt: Die durch sie transportierten Inhalte sind insofern machtvoll, als diese als jeweils gültige ›Wahrheiten‹ gewertet werden und damit individuelles und gesellschaftliches Handeln, soziale Praktiken und gesellschaftliche Entwicklungen insgesamt maßgeblich bestimmen (vgl. Jäger 2008). Wenn nun nachfolgend ausgewählte gesellschafts- und bildungspolitische Diskurse im Kontext kognitiver und/oder motorischer Entwicklung referiert werden, so sind diese weit mehr als ausschließlich Positionen einzelner Autor:innen zu verstehen. Sie beeinflussen Wissensbestände, theoretische wie praktische Auseinandersetzungen und Praktiken sowie Entwicklungen deutlich und nachhaltig. Ein grundlegender Diskurs, der im Kontext kognitiver und/oder motorischer Entwicklung immer wieder thematisiert wird, ist jener um ethische Fragestellungen und hier insbesondere jener um das Lebensrecht bzw. den Schutz des Lebens von Personen, die im Bereich der kognitiven und/oder motorischen Entwicklung behindert werden. Dies äußert sich im Alltag darin, dass nichtbehinderte Personen sich nicht vorstellen können, mit einer Behinderung zu leben. Behinderung wird als Antithese des Ersehnten oder Begehrten betrachtet (vgl. Goodley 2014). Ein anderes, sehr prominentes Beispiel des Alltags ist das neuen Eltern entgegengebrachte Interesse daran, ob deren Neugeborenes ›gesund‹ zur Welt gekommen sei (tatsächlich gemeint ist hier wohl die Frage danach, ob das Baby als behindert oder nichtbehindert gilt). Diese Form alltäglicher Kommunikation entspringt und – vice versa – manifestiert sich in medizinischen, rechtlichen, ökonomischen und anderen fachdisziplinären Diskursen, Praktiken und Techniken, wenn pränatale Diagnostik, Präimplantationsdiagnostik und ähnliche Verfahren (vgl. hierzu überblicksartig z. B. Strachota 2006) immer weiter entwickelt und teilweise durch Krankenversicherungen gedeckt werden, wie dies z. B. im Juli 2019 in der Schweiz und im September 2019 in Deutschland zugunsten des Praena-Tests zur nicht-invasiven Feststellung von Trisomien durch mütterliches Blut beschlossen wurde. Inklusive Pädagogik kommt hier gar nicht erst zum Tragen, weil Menschen – und dies ist wohl tatsächlich so zynisch, wie es klingt – nicht zu ihren Subjekten werden können, wenn sie nicht geboren werden. Inklusive Pädagogik wird durch solche Diskurse zumindest in Bezug auf vorgeburtlich festzustellende Behinderungsdiagnosen bereits vor ihrem Wirkungsbereich verhindert.

Parallel zur Frage, ob von einer Behinderungsdiagnose bedrohte Föten ausgetragen werden sollten oder nicht, sehen sich jene Personen, die damit leben, mit Diskursen zur ›Kompensation‹ von Behinderung konfrontiert. Neben zahlreichen Formen der Therapie –

4.1 Gesellschafts- bzw. bildungspolitische Diskurse

Logopädie, Physiotherapie, Ergotherapie u. v. m. – entwickelte sich insbesondere im technologischen Bereich gleichsam eine durch Hilfsmittel, Orthesen und Prothetik geprägte ›Industrie‹, die »ein Leben mit eingeschränkten körperlichen Funktionen ermöglicht bzw. erleichtert« (Schlüter 2007, 15; vgl. hierzu auch Jennessen 2016). Dies ist insofern für den schulischen Bereich von enormer Relevanz, als (technische) Hilfsmittel einerseits zumeist (auch) im sonderschulischen Kontext eingeführt und etabliert werden sowie andererseits gerade dort für einen reibungslosen Ablauf des Schulbetriebs auch erwartet werden. Das ist z. B. dann der Fall, wenn eine Schule davon ›profitiert‹, weniger Unterstützungspersonal zu brauchen, weil Schüler:innen sich mittels prothetischer Hilfsmittel eigenständig auf dem Schulgelände bewegen oder ohne Assistenz selbstständig via digitaler Medien mitarbeiten können. So wird das Vorhandensein therapeutischer und pflegerischer Angebote innerhalb der Schule entsprechend einer großflächig angelegten Studie von Lelgemann et al. (2013) sowohl von Schüler:innen selbst (hier im Bereich des Förderschwerpunkts motorische Entwicklung) als auch von ihren Eltern und Lehrkräften als Gelingensbedingung für inklusives Lernen angesehen. Die Studie spricht sogar von einer »für Schüler[:innen] mit Körperbehinderung notwendigen Verzahnung pädagogischer und rehabilitativer Prozesse, z. B. wenn durch medizinische Hilfsmittel ein aufmerksames Lernen unterstützt wird« (ebd., o. S.). Mittels Therapien wird das Erreichen von ›Normalität‹ (▶ Kap. 4.5) angestrebt – und zwar unabhängig davon, ob eine behinderte Person diese selbst initiiert oder aber sie ihr von außen, z. B. durch Lehrpersonen in der Schule, aufoktroyiert wird. Außer Acht gelassen wird dabei jedoch, ob und wenn ja, in welchem Ausmaß die vermeintlich zu therapierende oder mit Hilfsmitteln auszustattende Person überhaupt ihre Behinderung kompensieren möchte. Inklusive Pädagogik hat dafür zu sorgen, dass jede:r damit konfrontierte Schüler:in sich frei und selbstbestimmt für oder gegen Behinderungskompensationen entscheiden kann. Entsprechende Entwürfe zur Entscheidungsfindung sind pädagogisch zu erarbeiten und sowohl im Falle der Entschei-

4 Strittige Fragen, ungelöste Probleme und mögliche zukünftige Entwicklungen

dung für als auch gegen therapeutische Maßnahmen und/oder den Einbezug von (technischen) Hilfsmitteln sind pädagogische Umgebungen zu schaffen bzw. Maßnahmen und Angebote zu setzen, die solcherart getroffene Entscheidungen im Sinne von Selbstbestimmung und Empowerment zu stützen, zu akzeptieren und umzusetzen vermögen.

Ähnlich wie soeben unter Bezugnahme auf Therapien und Hilfsmittel diskutiert, verhält es sich mit Diskursen rund um die (zumeist medizinisch und/oder psychologisch ausgerichtete) Diagnostik von Behinderungen bzw. Beeinträchtigungen im Bereich der kognitiven und/oder motorischen Entwicklung und damit zusammenhängenden Fragen der Feststellung des ›Sonderpädagogischen Förderbedarfs‹ (SPF). Hier steht die im Sinne Inklusiver Pädagogik formulierte Forderung nach der Ablehnung von Etikettierungen und Klassifizierungen (vgl. Biewer 2017) im Widerspruch zu Ansätzen, die Diagnostik als integralen Bestandteil therapeutischen und pädagogischen Handelns betrachten, wie dies z. B. Leyendecker formuliert:

»Der informierte Lehrer oder Pädagoge kann wesentlich dazu beitragen, dass Zusammenhänge zwischen Verhaltensproblemen und motorischen Behinderungen bzw. Beeinträchtigungen frühzeitig erkannt werden können. Exaktes Testen, Untersuchen und differentielles Diagnostizieren sollte er aber den Fachleuten überlassen – es sei denn, er ist als Sonderpädagoge in bestimmter Weise dafür qualifiziert. Allerdings liegt beim Pädagogen die wichtige Aufgabe und Verantwortung, das Fachpersonal rechtzeitig hinzuzuziehen« (Leyendecker 2005, 126).

Dass ausschließlich medizinisch bzw. psychologisch ausgerichtete Diagnostik per se keine pädagogischen Implikationen in sich trägt, die Pädagogik in Ermangelung eigenständiger Zugänge jedoch nur allzu oft darauf zurückgreift, wurde im Verlauf dieses Buches bereits mehrfach kritisiert. Ungeklärt und nach wie vor strittig bleibt jedoch die Frage danach, wie mit der auf medizinischer/psychologischer Diagnostik gründenden und oftmals um pädagogische Parameter erweiterten Feststellung des SPF – zum Beispiel, wie gegenwärtig vermehrt diskutiert, unter Bezugnahme auf die ICF-CY

4.1 Gesellschafts- bzw. bildungspolitische Diskurse

(▶ Kap. 2.4.2) – im Sinne einer Inklusiven Pädagogik umgegangen werden kann und soll. Hier wird es die zukünftige Aufgabe Inklusiver Pädagogik sein, sich aktiv und mit Nachdruck in Diskurse zu diesem Themenbereich einzubringen und klare Positionen zu entwickeln; gegenwärtig sind hier abseits der Forderung nach Bezugnahme auf die ICF-CY kaum eigenständige inhaltliche Positionierungen im Sinne einer grundständig inklusiv gedachten Diagnostik festzustellen.

Eng mit Fragen rund um Diagnostik verknüpft ist das Spannungsfeld, spezialisiertes Fachwissen einzufordern bzw. durch Übertrag aus dem ›alten‹ besondernden und durch Förderschwerpunkte gekennzeichneten Schul- und Bildungssystem beizubehalten und im Gegensatz dazu Inklusive Pädagogik als Pädagogik für *alle* einzufordern. Wie mit diesem Spannungsfeld umgegangen wird, unterscheidet sich in den einzelnen deutschsprachigen (Bundes-)Ländern abermals recht deutlich voneinander. So wurde z. B. in Österreich das Sonderschullehramt für die Sekundarstufen vollständig durch Studiengänge im Bereich der Inklusiven Pädagogik ersetzt; diese kann nun anstelle eines zweiten Unterrichtsfaches gewählt werden (vgl. Biewer 2019; Biewer & Proyer 2019). Schuppener, Schlichting, Goldbach und Hauser (2021) fordern bezugnehmend auf Fragen nach dem Verhältnis zwischen besondernder und Inklusiver Pädagogik mit Nachdruck ein, Fehlschlüsse mit ggf. weitreichenden Konsequenzen im Voraus zu entlarven: D**ie** Zuschreibung einer Behinderungsdiagnose – insbesondere eine im Bereich der kognitiven Entwicklung – gehe »nach wie vor mit einem chronifizierten Risiko der Ausgrenzung und der Reduktion auf eine *ausschließliche* Inanspruchnahme von Angeboten einer ›spezialisierten Verbesonderungsprofession‹ einher. Diese Kausalität gilt es kritisch aufzubrechen und sie nicht als Profession zu verstehen, welche zu deren Aufrechterhaltung/Reproduktion beiträgt« (ebd., 216f.; H.i.O.). Insbesondere bezugnehmend auf zu ›Partialinklusion‹ führenden oder darauf hindeutenden Strukturen müsse besondere kritische Sensibilität entwickelt werden. Einhergehend mit dem Anspruch, einer als gesellschaftliche Entsolidari-

4 Strittige Fragen, ungelöste Probleme und mögliche zukünftige Entwicklungen

sierung zu werten und als paradox zu bezeichnenden Entwicklung entgegenzuwirken, die Inklusion in Spezialeinrichtungen (legitimiert als Komplexitätsreduktion auf Ebene der Professionen) fordert (ebd., 217). Im aktuellen Diskurs rund um Inklusive Pädagogik geht es darum, mit pädagogischen Fachkräften eine mit Handlungskompetenzen ausgestattete ›inklusive Haltung‹ zu erarbeiten, mittels derer sie wirklich allen Schüler:innen uneingeschränkten Zugang zu Bildung ermöglichen können (vgl. Dlugosch 2016), sodass sich alle Schüler:innen dieselben Lerninhalte erschließen können (inklusionsdidaktische Ansätze). Im Zentrum der Diskussion steht zusätzlich, dass allen Schüler:innen ein hohes Maß an hochqualitativen Lernumgebungen zugesprochen werden muss. Dies ist nur möglich, wenn Schulen in Umstrukturierungs- oder Neugestaltungsprozessen zum Beispiel durch Anwendung des Index für Inklusion unterstützt und begleitet werden, um durch institutionalisierte Rahmenbedingungen zum Schulerfolg aller beizutragen (vgl. Biewer, Proyer 2019).

Im Zentrum aller gesellschafts- und bildungspolitischer Diskurse steht nach wie vor die Frage danach, wie die Schulsysteme in den deutschsprachigen Ländern deutlich mehr als zehn Jahre *nach* der Ratifizierung der UN-Behindertenrechtskonvention mit dieser konform ausgestaltet werden sollen. Anders formuliert bedeutet dies, dass nach wie vor im Unklaren bleibt, was unter einem ›inklusiven Schulsystem‹ zu verstehen ist, wie es gestaltet und vor allem wie es (bildungs-)politisch durchgesetzt werden kann. Fragen der konkreten Ausformung auf der Ebene einzelner Schulen oder auch einzelner Unterrichtsstunden sind dem vollständig nachgelagert. Es existiert eine Fülle an Vorschlägen, Ideen und Best- (oder zumindest Good-)Practice-Beispielen, die in der bildungspolitischen Diskussion kaum berücksichtigt werden.

4.2 Orte der Beschulung

Der Zugang zu und Übergänge zwischen schulischen Settings kann für Schüler:innen, die in ihrer kognitiven und/oder motorischen Entwicklung behindert werden, eine besondere Herausforderung darstellen. So hat die Wahl des Schultyps beim Einstieg und im andauernden Bildungsverlauf eine massive Auswirkung auf die weitere Bildungsbiografie. Zumindest im Primarschulbereich sind integrative Schulkonzepte im deutschsprachigen Raum mittlerweile weit verbreitet. Spätestens mit dem Wechsel in die Sekundarstufe I und vor allem II kommt es dann aber zu Herausforderungen, die eine uneingeschränkt freie Schulwahl beeinflussen können. Der Besuch einer sonderschulischen Einrichtung geht häufig damit einher, dass ein Wechsel in ein Regelschulsetting oder weiterführende Bildungsangebote verwehrt bleibt bzw. zumindest erschwert werden kann. Schuppener et al. (2021) verweisen in Anlehnung an Fornefeld darauf, dass es nur wenige Überschneidungen mit dem Regelschulsystem gibt und fokussierte schulische Angebote damit ein paralleles Angebot darstellen. Das hat besondere Bedeutung, wenn es zur frühen Aufgliederung von schulischen Angeboten kommt (vgl. Feyerer 2019), wie zum Beispiel im Falle einer Trennung zwischen akademisch orientierten gymnasialen oder gesamtschulischen Angeboten. Letztere fokussieren, zukünftige Absolvent:innen auf berufsbildende oder vom Arbeitsmarkt losgelöste Angebote (wie geschützte Werkstätten) vorzubereiten. Letztgenannte Herausforderungen treffen vor allem auf Schüler:innen zu, die in ihrer kognitiven und/oder motorischen Entwicklung behindert werden.

Spätestens seit den durch die Unterzeichnung der UN-BRK eingeführten Forderungen für gleichwertigen und uneingeschränkten Zugang zu Bildungseinrichtungen von hoher Qualität für *alle* hat sich die Diskussion zur Legitimation von sonderschulischen Einrichtungen noch verschärft und wirft eine Reihe von Fragen auf. Eine der zentralen ist die, ob Regelschulen für einige Schüler:innen tatsächlich der geeignete Schulort sind. Diese Gruppe wird unter anderem als der sogenannte ›Rest der Inklusion‹ subsummiert (vgl. Bittlingmayer & Sahrai 2017). Es wird in diesem Zusammenhang argumentiert, dass Inklusion eine Vielzahl von Schüler:innen umfasse, ihren universellen Anspruch aber nicht gesamt einlösen könne. Dies sei darauf zurückzuführen, dass es unter ihnen Gruppen bzw. einzelne Schüler:innen gäbe, die auch trotz ernstgemeinter Anstrengungen aufgrund bestimmter, zumeist vermeintlich behinderungsbezogener Aspekte nicht ›inkludierbar‹ seien. Darunter fielen vor allem Schüler:innen, denen ein hoher pflegerischer Bedarf zugeschrieben wird, dem der Standort aus personellem/strukturellem Mangel nicht begegnen kann, oder Schüler:innen, die in ihrer kognitiven und/oder motorischen Entwicklung behindert werden.

Die Frage nach dem geeigneten Ort der Beschulung ist auch eng mit der Entscheidungskompetenz von Eltern/Erziehungsberechtigten/gesetzlichen Vertreter:innen, Beratungsinstanzen, aber auch einzelnen Lehrpersonen und der professionellen Zusammensetzung des Lehrkörpers, von Direktor:innen und Schulbehörden, bildungspolitischen Gremien, jedoch relativ selten mit der von den Schüler:innen selbst verwoben. Besonders die Wahlfreiheit der Eltern (vgl. Rabenstein & Gerlach 2016) und das Argument fehlender Ressourcen stellen zentrale Eckdaten des Diskurses dar. So ist im deutschsprachigen Raum teilweise zwar das Recht verankert, dass Erziehungsberechtigte die Schulart (Sonder- bzw. Förderschule oder Regelschule bzw. auch private Angebote oder Beschulung zu Hause) frei wählen können, dies bedingt aber nicht immer die tatsächliche Umsetzung. Auch hinsichtlich der wohnort-assoziierten oder -gebundenen Schulplatzzuordnung (Besuch der nächstgelegenen oder in der Umgebung gelegenen Schule unabhängig von der Schulart) kommt es immer wieder dazu, dass Schüler:innen der Zugang zu bestimmten Schulen verunmöglicht wird. Verhältnismäßig häufig trifft dies Schüler:innen mit oben genannten Zuschreibungen und es werden dafür meist fehlende Ressourcen (häufig bauliche Bedingungen oder fehlende didaktische, therapeutische oder pflegerische Ausstattung) oder der Mangel an geeignetem Personal als Gründe ins Treffen geführt. Zusätzlich spielen auch noch folgende Aspekte in der Zugänglichkeit bzw. Wahl des Schulortes eine Rolle:

- Eltern/Erziehungsberechtigte/gesetzliche Vertreter:innen
  Nicht nur die generelle Verantwortlichkeit für die eigenen Kinder und die Möglichkeit, vielerorts über die Örtlichkeit der Beschulung für das eigene Kind zu bestimmen, spielen für Erziehungsberechtigte eine Rolle. Häufig sind Eltern auch der Meinung, dass ihr Kind in einer Sonderschule besser aufgehoben sei, weil diese Institutionen besser ausgestattet seien, geeignetes Personal vor Ort sei und der Betreuungsschlüssel ihren Vorstellungen der geeigneten pädagogischen Betreuung eher entspräche. Auch der Wunsch danach, das Kind vor diskriminierenden Erfahrungen zu schützen, ist relevant. Die Sonderschule wird demnach als Schonraum erachtet, der Schüler:innen vor schlechten Erfahrungen bewahren soll und die Möglichkeit bietet, in der eigenen Geschwindigkeit zu lernen. Dass dies nur ein Hinauszögern oder Ablenken von real an die Schüler:innen herangetragenen gesellschaftlichen Anforderungen zur Folge hat, ist kritisch zu hinterfragen (vgl. Pfahl 2011).
  Eltern, die nicht selbst Kinder mit zugeschriebenen Behinderungen haben, spielen in diesem Zusammenhang auch eine Rolle. Sie votieren entweder dafür, dass es besser sei, wenn ihre Kinder nicht von Mitschüler:innen mit spezifischen Zuschreibungen aufgehalten würden, da diese evtl. den akademischen Fortschritt beeinträchtigen könnten, oder sie sprechen sich für eine gemeinsame Beschulung aus, um die Sozialkompetenz der eigenen Kinder zu fördern. Dies spielt auf den nächsten Aspekt an.
- Zusammensetzung der Schüler:innenschaft
  Ein Argument, das bei der Ermöglichung oder Verhinderung der Schulplatzzuteilung oder -auswahl immer wieder als relevant erachtet wird, ist die Zusammensetzung der Schüler:innenpopulation einer Schule oder einzelner Klassengemeinschaften. Ge-

setzliche Vorgaben bzw. auch Schulautonomie regulieren hier nach wie vor häufig die Ver- und Zuteilung von Ressourcen, die von der Art und Komplexität der Behinderungszuschreibungen abhängt. Das kann dementsprechend zur Folge haben, dass Schüler:innen auf der Grundlage spezifischer Zuschreibungen zugelassen, abgelehnt bzw. sogar aktiv eingeladen werden (umgekehrte Inklusion über Öffnung der Sonderschulen oder aber explizite Ablehnung bestimmter Schüler:innen durch gewünschte Elitenbildung z. B. in Gymnasien).

- Schulart: Sonder- bzw. Förderschulen
Rund um die Institution Sonder- bzw. Förderschule lassen sich viele der bereits genannten Aspekte in diesem Unterkapitel zusammenfassen. An diesen Ort sind facheinschlägige Ressourcen gebunden, die im Sinne eines inklusiven Ansatzes an andere Standorte verteilt werden könnten und es damit vielen Schüler:innen ermöglichen würden, Regelschulen zu besuchen. Aus den Konzepten sonderpädagogischer Förderung und deren Angebote, zum Beispiel in Form von Beschulung außerhalb des Klassenraums, könnten auch andere Gruppen von Kindern profitieren. Die Sonderschule als Schonraum fasst zusammen, dass gesellschaftliche Perspektiven auf Behinderung nach wie vor von Diskriminierung und Ausschluss geprägt sind.
- Aufnahme- bzw. Selektionskriterien
Auf dem anderen Spektrum sonderschulischer Angebote stehen Schulen, welche akademische Auswahlkriterien vorsehen und so beispielsweise den Zugang zu oder Wechsel auf akademisch-orientierte schulische Angebote (wie Gymnasien) einschränken. Wieder trifft dies vor allem auf die in diesem Buch zentral referenzierte Gruppe von Schüler:innen zu.
- Bildungspolitische Facetten
Natürlich spielen auch das Selbstverständnis von Behörden, bildungspolitische Erfahrungswerte und Einstellungen sowie die Bereitschaft von involvierten Akteur:innen eine Rolle. Es gilt an dieser Stelle aber festzuhalten, dass der Zugang zu einem geeigneten inklusiven Schulplatz nicht abhängig von Zufällen, glück-

licher Fügung oder der Bereitschaft bzw. dem Engagement einzelner Personen sein darf. Die Frage, wie Kinder, denen ein erhöhter Bedarf im Bereich der motorischen und/oder kognitiven Entwicklung zugeschrieben wird, hier Berücksichtigung finden, wird unterschiedlich gelöst. So hat das Bundesland Berlin das Konzept der inklusiven Schwerpunktschulen entwickelt, nach dem einzelne inklusive Schulen ausweisen, über welche spezifischen Kompetenzen das Personal verfügt und welche weiteren passenden Rahmenbedingungen gegeben sind (vgl. Senatsverwaltung für Bildung, Jugend und Familie 2021).

Abb. 4.1: Aspekte in der Zugänglichkeit bzw. Wahl des Schulortes

Entwicklungen rund um die COVID-19-Pandemie haben soziale Ungleichheiten befördert (vgl. Frohn 2021) und Mängel in der Umsetzung einer Schule für *alle* in dramatischer Form aufgezeigt bzw. vielerorts auch noch verstärkt. Die Auswirkungen auf inklusive Bestrebungen und Lernprozesse von Kindern und Jugendlichen, die behindert werden, sind zum jetzigen Zeitpunkt nur schwer absehbar. Laufende Forschungsarbeiten deuten darauf hin, dass auch Schüler:innen, die in ihrer kognitiven und/oder motorischen Entwicklung aufgrund fehlender geeigneter Maßnahmen behindert werden, dadurch im Lernen maßgeblich benachteiligt sind. In der Konsequenz bedeutet dies, dass hinsichtlich schulischer Bildung nicht nur die inklusive Schule thematisiert werden muss, sondern auch inklusiv gestaltete digitale Lernräume zukünftig mehr Berücksichtigung erfahren müssen, wie bereits vor der globalen Krise thematisiert wurde (vgl. Bosse et al. 2019). Nur so kann gewährleistet werden, dass im Falle weiterer Notwendigkeit von Lernen auf Distanz Lernen in geeigneter Form für *alle* realisiert werden kann.

Abschließend gilt es dementsprechend und im Sinne einer Inklusiven Pädagogik Folgendes zur Verortung von Bildung festzuhalten: *Jeder* Standort ist unhinterfragbar sowohl in digitalen als auch in analogen Formaten für inklusive Beschulung auszustatten (Stichwort inklusive Schulentwicklung) und hat es zu ermöglichen, dass wirklich *alle* Schüler:innen – unabhängig von der Art und Ausprägung der Zuschreibung der kognitiven, komplexen und/oder motorischen Behinderung – *alle* Schulen besuchen können.

4.3 Leistungsbeurteilung im Kontext kognitiver und motorischer Entwicklung

In Zeiten standardisierter Leistungstests, der Diskussionen rund um Qualitätsmessungen und der Wiedereinführung oder Beibehaltung von Ziffernnoten – zusätzlich befeuert durch prominente Schulleistungsstudien wie PISA sowie die anhaltenden Diskussionen um Bildungsstandards – werden inklusive Ansätze vor allem hinsichtlich der akademischen Leistungsfähigkeit von Schüler:innen hinterfragt (vgl. Sansour et al. 2018). Davon in negativer Konsequenz besonders betroffen sind Schüler:innen, die in ihrer kognitiven und/oder motorischen Entwicklung behindert werden, aber auch jene, die von sozial-emotionaler Deprivation betroffen sind. Mit zunehmender Höhe des angestrebten Bildungsabschlus-

4.3 Leistungsbeurteilung im Kontext kognitiver und motorischer Entwicklung

ses nimmt auch der Leistungsanspruch zu. Damit einhergehend nimmt das inklusive Angebot im Regelfall ab: Funktioniert gemeinsame Beschulung in der Primarstufe noch gut, fallen Angebote im Bereich der Sekundarstufe und auch der weiterführenden Bildung zunehmend weg. Nach Wagener (2020) spielt hier auch die Aufgliederung in Fächer (mit je eigenen und sukzessive zunehmenden Leistungsanforderungen) eine maßgebliche Rolle.

Hinsichtlich der Frage nach dem Zusammenhang zwischen der Rolle von Leistung und Inklusion können zwei Perspektiven als besonders relevant hervorgehoben werden: Auf der einen Seite werden bestimmten Schüler:innen Inkompetenz und niedrige Leistungsfähigkeit attestiert, auf der anderen Seite Grenzen der Reichweite inklusiver Angebote unterstellt: Inklusive schulische Angebote ermöglichen über die gemeinsame Beschulung von Schüler:innen mit unterschiedlichen Voraussetzungen zwar den Zuwachs im Bereich der Sozialkompetenz, im Bereich der akademischen Kompetenzen seien Grenzen aber implizit. Die Forschung habe laut Wagener (2020, 5) »zwei kontrastierende Zugänge zum Gegenstand ›(Leistungs-)Heterogenität‹ bzw. ›(Leistungs-)Differenz‹«: Die erste Perspektive fokussiert dabei die Unterschiedlichkeit der Schüler:innen, die zweite hingegen die Rolle der Lehrpersonen in der Rekonstruktion, Verstärkung bzw. Reflexion von sich unterschiedlich präsentierenden oder ausgeprägten Leistungen. Dies verweist darauf, dass hinsichtlich der Feststellung von Leistung mehrdimensional gedacht werden und Dynamiken zwischen Akteur:innen in Betracht gezogen werden müssen. Die Leistungsbeurteilung bzw. die Notenvergabe kann von subjektiven Faktoren wie Sympathie beeinflusst werden, Leistung selbst kann zum Zeitpunkt der Feststellung von diversen Faktoren abhängen und ist im Regelfall nicht einfach geradlinig auf eine Ausprägung der kognitiven oder/oder motorischen Beeinträchtigung zurückzuführen. Damit läuft die Notengebung Gefahr, schnell an Objektivität zu verlieren und kein faires und transparentes Einschätzungstool darzustellen.

Die Zunahme von akademisch einstufbaren Kenntnissen und messbaren Erweiterungen der Kompetenzen werden in einem

4 Strittige Fragen, ungelöste Probleme und mögliche zukünftige Entwicklungen

klassischen Zugang als eng mit der jeweiligen Leistungsfähigkeit und Intelligenz der Schüler:innen verzahnt betrachtet – und dadurch ermöglicht oder beschränkt. Dies trifft in besonderem Maße Fragen nach der Beschulung von Schüler:innen, die in ihrer kognitiven Entwicklung behindert werden. In der Folge bleibt die gemeinsame Beschulung in integrativen Settings häufig auf Fächer abseits der sogenannten Hauptfächer (Deutsch, Englisch und v. a. Mathematik) beschränkt, um den Leistungsfortschritt so genannter nichtbehinderter Schüler:innen in den Hauptfächern nicht zu »gefährden«. In diesen wird dann mit der Differenzierung nach Leistungsgruppen oder in segregierten Fördersettings gearbeitet, Formen der Leistungsbeurteilungen werden angepasst oder Inhalte derart reduziert, dass diese es verunmöglichen, dass Schüler:innen weiterführende Bildungsangebote in Anspruch nehmen können.

Mit Referenz auf den inklusionsdidaktischen Ansatz und damit einhergehende individuelle Annäherungen an den gemeinsamen Lerngegenstand oder individuell vereinbarte Lernziele bedarf auch die Leistungsfeststellung eines individualisierten transparenten Zugangs (vgl. Terfloth & Bauersfeld 2015). Mit Bezug auf Wocken verweisen Terfloth und Bauersfeld (2015) auf den Unterschied zwischen individuellen und sozialen Bezugsnormen für die Leistungsbeurteilung. Die individuelle Bezugsnorm bezieht sich auf den Vergleich erbrachter Leistungen mit früheren Leistungen eines Individuums, um die individuelle Entwicklung zu ermitteln. Demgegenüber können Leistungen aber auch mit denen anderer Schüler:innen verglichen werden und so zu einer Einschätzung der Leistung führen. Dies stellt im Kontext der Inklusion ein Dilemma dar. Hier fehlt bisher eine eingehende und auf Erfahrungswerten basierende wissenschaftliche Auseinandersetzung. Standardisierung und die Wiedereinführung bzw. Beibehaltung von Ziffernnoten verunmöglichen es hier, über alternative Formen der Leistungsbeurteilung nachzudenken. Vor allem in Kontexten von Übergängen spielen standardisierte Abbildungen der punktuellen Leistungsfähigkeit vermeintlich alternativlos eine Rolle.

Neben der Differenzierung der Bezugspunkte (individuelle oder soziale Bezugsnorm) können auch die Formen und die Kommunikation über die Leistungsfeststellung adaptiert werden. Beispiele wären die verbale Beurteilung oder die Möglichkeit, im Rahmen eines Erziehungsberechtigten-Kind-Lehrer:innengesprächs die eigenen Leistungen zu präsentieren und zu kontextualisieren. Gerade am Übergang von einer Stufe zur nächsten (Primar- zu Sekundarstufe etc.) und dem Wechsel zwischen Bildungsinstitutionen sind standardisierte Abbildungen der Leistungsfähigkeit relevant. Diese können für die Bedarfe aber auch von einer individualisierten Form auf eine standardisierte übertragen werden.

An dieser Stelle ist es relevant, darauf zu verweisen, dass der inklusive Ansatz und ihm zugrundeliegende demokratische Orientierungspunkte nicht ohne Weiteres mit dem neoliberalen Primat der Leistung und damit verbundenen standardisierten Vorstellungen vereinbar sind (vgl. Boban & Hinz 2017). Sturm (2015, 29) erläutert, dass hinsichtlich des Zusammenhangs von »Inklusion und Leistung im Kontext von Schule deutlich [wird], dass sie in vielerlei Hinsicht konträr zu einander liegen bzw. auf unterschiedliche Aspekte schulischer Realität, gesellschaftlicher Herausforderungen und Entwicklungen verweisen«.

4.4 Entwicklungsaufgaben für Schule und Unterricht

Der menschenrechtsbasierte Ansatz zur inklusiven Bildung, wie er auch in der UN-Behindertenrechtskonvention zum Ausdruck kommt und in der Buchreihe »Inklusive Schule« vertreten wird (vgl. Biewer, Proyer & Kremsner 2019), stellt überkommene sonderpädagogische Sichtweisen zur kognitiven und/oder motorischen Entwicklung in Frage. Implizit ist er eine Kritik an jenem Handeln, das sich primär an Entwicklungsdefiziten orientiert, die aus der Nichterfüllung institutionell gesetzter schulischer Normen resultieren. An der Gruppe jener Schüler:innen, die in ihrer motorischen und insbesondere in ihrer kognitiven Entwicklung behindert werden, zeigen sich derartige Zugänge wie in einem Brennglas, weil gerade für sie die starre Umsetzung von spezialisiertem Spartenwissen zu massiven Ausschlusserfahrungen führen kann.

Die Zielsetzung der inklusiven Schule und die damit verbundenen Konzepte inklusiver Bildung haben weitreichende Konsequenzen für Lehren und Lernen und entsprechend auch für die Didaktik. Diese fragt neben den Methoden auch nach den Inhalten des Lehrens und Lernens. Dabei ist die Gefahr groß, sich in Altbekanntem zu bewegen. Traditionelle Curricula mit Unterrichtsfächern wie Physik, Geografie, Sprache, Literatur und Geschichte, wie wir sie immer noch in vielen amtlichen Lehrplänen vorfinden, engen Lerninhalte ein und berücksichtigen für das Alltagsleben bedeutsame Inhalte ebenso wenig wie weitergehende Zielsetzungen der gesellschaftlichen Entwicklung. Überlegungen zu Unterrichtsinhalten können aber auch auf globalen Rechten basieren und neuen Herausforderungen genügen. Dann werden Themen wie Kommunikationstechnologien, Kleidung, Nahrung, Wohnen und Bauen, Mobilität und Migration zu neuen Lernbereichen in der Schule (vgl. Booth & Ainscow 2017, 50). Die deutsche Fassung des Index für Inklusion enthält diese Themen im Abschnitt für die Entwicklung inklusiver Praktiken. So trägt ein großer Teil dieses Buches die Überschrift »Curricula für alle erstellen«. Darunter ist angeführt, dass Kinder sich z. B. mit den ökologischen Zusammenhängen auseinandersetzen, die Bedeutung von Wasser erkunden oder sich mit der Bedeutung von ›Arbeit‹ und eigenen Interessen beschäftigen (vgl. 19). Aktuell virulente gesellschaftliche Themen wie etwa der Klimawandel, faire Ressourcenverteilung u. ä. können dadurch Teil eines Curriculums für *alle* werden. Dies entspricht auch den Zielen für eine nachhaltige Entwicklung der Vereinten Nationen (Sustainable Development Goals – Agenda 2030; kurz: SDGs), die Leitziele für inklusive Bildung bis 2030 darstellen (vgl. Biewer, Proyer & Kremsner 2019).

4.4 Entwicklungsaufgaben für Schule und Unterricht

Fragen inklusiver Schulentwicklung, insbesondere in Verbindung mit Didaktik, stellen wichtige Aufgaben für die Zukunft dar. Die adaptierte Aufarbeitung von Vorschlägen der britischen und amerikanischen Literatur zur Entwicklung von Curricula tritt in den deutschsprachigen Ländern nicht selten in Konflikt mit den staatlich vorgegebenen Lehrplänen, in die inklusives Denken, insbesondere im Bereich der Sekundarstufe, noch kaum Eingang gefunden hat. Dabei verfügen die deutschsprachige Pädagogik und Didaktik über eine lange Tradition progressiver und kritischer Entwürfe. Zu nennen wäre hier, wenn es um Fragen der Schulentwicklung geht, Wolfgang Klafkis Ansatz einer kritisch-konstruktiven Didaktik (vgl. Klafki 2007), der auch Impulsgeber für integrative und inklusive Projekte war.

Neben den Inhalten stellt sich aber auch die Frage nach den passenden Methoden. Klafki vernachlässigt in seinem Zugang unterrichtsmethodische Fragen. So sehr sich seine grundlegenden Werke auch um konzeptionelle Grundlagen einer sozial gerechten Schule bemühen, so sehr bedürfen diese Schriften Ergänzungen bei den Methoden des Lehrens und Lernens. Diese sind von entscheidender Bedeutung, soll sich Inklusion in der Schule durchsetzen.

Eine Didaktik in der Tradition der deutschsprachigen Länder profitiert von einer stärkeren Orientierung am Entwicklungsstand des angloamerikanischen Raums, wo es neue Entwicklungen gibt, die bislang unzureichend rezipiert sind. Insbesondere die zahlreich vorhandene Literatur zu Lehren und Lernen im Kontext inklusiver Bildung aus Nordamerika findet nur selten den Weg in Lehrwerke des deutschsprachigen Raums. So gibt es schon seit den 2000er Jahren Bestandsaufnahmen dessen, was sich an Unterrichtsstrategien für inklusive Bildung eignet. David Mitchell (2008) etwa untersucht eine ganze Anzahl methodischer Zugänge zum Unterricht und bewertet diese, indem er jeweils eine Strategie in einem knappen Abschnitt darstellt und entlang eines gleichbleibenden Schemas mit mindestens einem und maximal vier Sternen bewertet, ergänzt wird dies um die Darstellung praktischer Erfahrungen in der Umsetzung. Dabei kommt ihm auch die schulische Praxis aus seinem Heimatland Neuseeland zugute, dessen Bildungssystem er selbst als eines der inklusivsten der Welt betrachtet. Weiter sind in seinem Werk die wissenschaftlichen Studien gelistet, die es zur jeweiligen Strategie gibt, die Risiken sind benannt. Passende Literatur für das weitere Eindringen in die genannte Strategie wird aufgeführt. Das Buch von Mitchell (2008) stellt damit eine Bestandsaufnahme eines über Jahrzehnte bewährten Fundus an Methoden für den inklusiven Unterricht dar.

Es gibt weitere Entwicklungen, die vor dem Hintergrund einer Schule für *alle* Kinder konzipiert wurden. Universal Design for Learning (UDL) ist ein in den USA entstandener Zugang zum inklusiven Unterricht, der versucht, den im Bereich des Projektdesigns und der Architektur entstandenen Zugang des universellen Designs auf das Lernen aller Kinder mit unterschiedlichsten Voraussetzungen zu übertragen (vgl. Biewer, Proyer & Kremsner 2019, 133ff.). Unterricht soll so gestaltet werden, dass möglichst wenige Barrieren und Hindernisse für Lernende entstehen. Als »expert learners« sollen Kinder die Wege der Aneignung von Lehrinhalten selbst gestalten können (vgl. Rose, Gravel & Gordon 2014). Hierzu gibt es mittlerweile eine Fülle von praktischen Ratschlägen, wie dies im Unterricht umsetzbar sein könnte (vgl. z. B. Rapp 2014). Die Darstellungen von UDL beziehen sich auf alle Kinder und somit auch auf diejenigen, deren motorische und kognitive Entwicklung besonderer Aufmerksamkeit bedarf.

Während UDL in den USA eine weite Verbreitung für den inklusiven Unterricht gefunden hat, begann die Übernahme der Methoden in Europa erst vor wenigen Jahren. Der Gewinn für die schulpraktische Tätigkeit ist offensichtlich und hat auch in Europa zu Kooperationen zwischen Wissenschaftler:innen und Lehrkräften geführt. An einem europäischen Projekt arbeiteten jeweils eine Universität und eine Schule aus Litauen, Finnland, Polen und Österreich zusammen, um UDL für die jeweiligen Länderkontexte zu adaptieren (vgl. Galkienė & Monkevičienė 2021). Die Darstellungen zeigen die Breite der Einsatzmöglichkeiten in Bezug auf Länder,

Inhalte und Lernvoraussetzungen, aber auch unterschiedliche Interpretationen des Ansatzes und eröffnen damit ein umfangreiches Feld für die weitere Forschung und Entwicklung. Aufgrund der weit verbreiteten grundständig neuropädagogischen Interpretation des Ansatzes bleibt hier jedoch die Frage offen, ob bei eng geführter Auslegung gerade Schüler:innen, die im Bereich der kognitiven Entwicklung behindert werden, abermals defizitorientierte Zuschreibungen erfahren und so innerhalb eines vermeintlich inklusiven Kontextes benachteiligt werden.

4.5 Ausblick: neue Strukturierungsansätze

Am Ende dieses Buches bleibt erneut festzuhalten, was bereits mehrfach ab dem ersten Kapitel betont wurde: dass nämlich Inklusive Pädagogik – explizit als Pädagogik für *alle* und entlang eines breiten Inklusionsverständnisses ausgerichtet – in spezialisierten Kontexten und auf einzelne Personengruppen bezogen zu diskutieren ein ambivalentes, kritikwürdiges und auch notwendigerweise widersprüchliches Unterfangen darstellt. Dies zu durchdringen ist nicht immer einfach. Abhilfe vermag aber die »Theorie der trilemmatischen Inklusion« (Boger 2019) bieten, die einen theoretisch fundierten Bezugsrahmen für die Inklusiver Pädagogik inhärenten Ambivalenzen erarbeitet und so (notwendige) Widersprüche zu systematisieren vermag. Die Trilemma-Theorie ist in vier Bänden (Boger 2019a, 2019b, 2019c & 2019d) erschienen und versteht sich als »Theoriesynthese, die Definitionen und Zugänge zu ›Inklusion‹ nach ihren politischen Einsatzpunkten orientiert (und daher weder nach essenziellen Gruppenzugehörigkeiten gliedert, noch nach disziplinären Grenzlinien)« (Boger 2019c, 25).

Ein Trilemma definiert Boger als aus drei Sätzen bestehend, von denen jedoch immer nur zwei gleichzeitig wahr sein können – sie schließen somit den dritten Satz aus. Die drei Hauptsätze der

4 Strittige Fragen, ungelöste Probleme und mögliche zukünftige Entwicklungen

Theorie der trilemmatischen Inklusion lauten:

Inklusion bedeutet Empowerment [E].
Inklusion bedeutet Normalisierung [N].
Inklusion bedeutet Dekonstruktion [D].

In graphischer Form lässt sich das ›Trilemma der Inklusion‹ so darstellen:

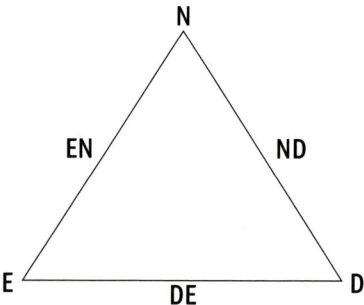

Abb. 4.2: Trilemma der Inklusion (nach Boger 2019c, 39)

Das trilemmatische Zusammenspiel dieser Hauptsätze kann nun – durchgängig auf Boger (2019c) verweisend – so skizziert werden:
Diskriminierte Subjekte – in unserem Fall sind dies Kinder und Jugendliche, die in ihrer kognitiven und/oder motorischen Entwicklung behindert werden – begehren mitunter, »als Andere_r* an einer Normalität* teilhaben zu dürfen« (ebd.). Die im Zitat angeführten Asteriske (*) verweisen allerdings darauf, dass die angeführten Konstruktionen keineswegs scharf abgegrenzt werden können, sondern Übergänge hier fließend sind. Als mit Behinderungsdiagnosen versehene Schüler:innen wollen sie also z. B. an der ›Normalität‹ Regelschule teilhaben. Hier werden die Hauptsätze E und N miteinander kombiniert, der Hauptsatz D scheidet jedoch aus, weil in dem Moment, indem sich eine Person explizit als

4.5 Ausblick: neue Strukturierungsansätze

›anders‹ begreift, Dekonstruktion als theoretischer, praktischer und politischer Einsatzpunkt wegfällt.

Im Bereich der kognitiven und motorischen Entwicklung verweisen zum Beispiel all jene Aussagen auf diese Argumentationslinie, die dafür plädieren, Schüler:innen in diesen Förderschwerpunkten am (vermeintlich inklusiven/integrativen) Regelschulunterricht teilhaben zu lassen, allerdings unter Bezugnahme spezifischen Fachwissens im Bereich konkreter Behinderungsdiagnosen und -zuschreibungen wie jener der kognitiven und/oder motorischen Beeinträchtigungen.

> **Konkretes Beispiel**
> Schüler:innen, die in ihrer kognitiven und/oder motorischen Entwicklung behindert werden, haben das Recht auf einen Platz in der inklusiven Regelschule und damit einhergehend auf die dafür notwendige Ausstattung an Personal, Hilfsmitteln und baulichen Maßnahmen. Die Benennung der Behinderung ist in diesem Fall notwendig, um das Recht auf Regelbeschulung einfordern zu können. Das ist empowernd (die eigenen Rechte einfordernd) und auf Normalisierung abzielend (nicht in Sondersystemen beschult werden zu müssen) zugleich, also werden E und N kombiniert. Dekonstruktion (D) *muss* also wegfallen.

Es gibt das Begehren, »in seiner Individualität ohne Zuschreibung von Andersheit* gesehen zu werden« (ebd.). Dieses Zusammenspiel der Hauptsätze N und D verweist auf das Wahrnehmen von Individualität anstelle von kategorialen Zuschreibungen; Argumentationslinien, die sich auf eine bestimmte Kategorie der Diskriminierung – Dimension E – beziehen (wie z. B. Diskriminierung aufgrund der Zuschreibung, eine ›Person mit Lernschwierigkeiten zu sein‹), fallen hier jedoch weg.

Schüler:innen wären dann einfach Schüler:innen mit je eigenen Besonderheiten, Stärken, Ressourcen, Schwächen und Defiziten;

4 Strittige Fragen, ungelöste Probleme und mögliche zukünftige Entwicklungen

Behinderungszuschreibungen und -diagnosen spielen ebenso keine Rolle wie spezifisches Fachwissen. Die Argumentationslinie hier ist, dass ohnehin jedem:jeder Schüler:in individuell begegnet werden muss; spezielle Pädagogiken sind obsolet. Die auch im vorliegenden Buch gestellte Forderung, dass Inklusive Pädagogik »Etikettierungen und Klassifizierungen ablehn[t]« (Biewer 2017, 204), ist dieser Linie zuzuordnen.

> **Konkretes Beispiel**
> Alle Schüler:innen sind anders und haben deshalb das Recht, gleichberechtigt und individuell beschult zu werden (im Sinne von Normalisierung – N). Dabei spielt es keine Rolle, ob es sich um Schüler:innen mit cerebralen Bewegungsstörungen, blauen Augen, einer anderen Erstsprache als Deutsch, aus Ballungszentren oder aus vegetarisch lebenden Familien handelt. Die Auflösung kategorialer Zuschreibungen (im Sinne von Dekonstruktion – D) wird hier eingefordert. Das bedeutet in der Konsequenz aber auch, dass keine spezifischen Bedarfe aufgrund der (Selbst-)Zuordnung zu einer Gruppe eingefordert werden können; Empowerment (E) fällt also notwendigerweise weg.

Das Begehren diskriminierter Subjekte kann auch sein, in der eigenen »Andersheit* selbstbestimmt sein zu dürfen und den Normalisierungsdruck widerständig zu verweigern« (Boger 2019c, 36). Die Hauptsätze D und E werden hier kombiniert, während N ausgeschlossen wird. Es erfolgt die explizite Bezugnahme auf eine Diskriminierungskategorie (z. B. sich selbst als ›Person mit Lernschwierigkeiten‹ zu definieren oder aber eine solche Zuschreibung zu erfahren). Allerdings wird diese nicht als ein Normalität zuzuführendes Defizit wahrgenommen, sondern zielt ganz im Gegenteil sogar auf eine »Emanzipation von ebenjenen Normalismen« (ebd., 37) ab.

Ein für die vorliegende Themenstellung geeignetes Beispiel für diese Argumentationslinie sind viele der auch im vorliegenden

Buch referierten Forderungen der Selbstvertretungs- bzw. Behindertenbewegung: Hier geht es gerade nicht darum, als möglichst ›normal‹ wahrgenommen zu werden, sondern sich von dem Zwang, ›normal‹ sein zu müssen, zu emanzipieren.

> **Konkretes Beispiel**
> Schüler:innen, die im Bereich der kognitiven und/oder motorischen Entwicklung behindert werden, könnten sich hier z. B. ganz bewusst selbst als ›behindert‹ in emanzipatorischem Sinne (E) wahrnehmen und sich bewusst mit anderen behinderten Jugendlichen in (außerschulischen) Peergroups zusammenschließen. Eine Konsequenz daraus kann sein, dass sie in Folge der selbstbewussten und selbstbestimmten Auseinandersetzung mit ihrer eigenen Behinderung, Prothetik, Therapien und/oder Hilfsmittel verweigern (▶ Kap. 4.1), um dem Zwang, ihre Behinderung kompensieren zu müssen (auch im Sinne von Dekonstruktion – D), widerständig entgegenzutreten. Normalisierung wird so verweigert und fällt notwendigerweise weg.

Sich das ›Trilemma der Inklusion‹ (Boger 2019a-d) zu vergegenwärtigen, kann dabei helfen, die Widersprüche, die sich auch im vorliegenden Band finden, besser einordnen zu können. Das vorliegende Buch als Plädoyer einer Inklusiven Pädagogik, jedoch unter Bezugnahme ausdifferenzierten Fachwissens im Bereich kognitiver und/oder motorischer Entwicklung, steht per se bereits stellvertretend für die der Diskussion inhärenten Trilemmata. Es gibt nicht die eine Richtung, die eingeschlagen werden muss, um Inklusive Pädagogik zu etablieren; vielmehr handelt es sich um ein verzweigtes System von Ansätzen, die einander widersprechen – und zwar nicht nur bezugnehmend auf die je unterschiedlichen Verfasser:innen, sondern oft auch innerhalb eines einzigen Textes (wie dem vorliegenden). Dies zu reflektieren und zu thematisieren, aber auch zu akzeptieren und auszuhalten, ist sicherlich die Kernaufgabe jedes wissenschaftlichen, aber auch praktischen Zugangs

4 Strittige Fragen, ungelöste Probleme und mögliche zukünftige Entwicklungen

zur Inklusiven Pädagogik. Es geht an dieser Stelle also nicht darum, sich an einer der Stellen im rezipierten Trilemma zu verorten, sondern es in seinen Widersprüchen anzuerkennen und Perspektiven darauf zu ermöglichen.

Fragen zur Diskussion

1. Welche Aspekte beeinflussen den schulischen Bildungsverlauf von Kindern und Jugendlichen, die in ihrer motorischen und/oder kognitiven Entwicklung behindert werden?
2. Welche Rolle spielt die motorische und/oder kognitive Entwicklung für die Wahl des Schulortes/der Schule?
3. Reflektieren Sie den im vorliegenden Werk als selbstverständlich genutzten Einfluss der Sprachverwendung behindert *werden* auf Ihre Wahrnehmung von Behinderung!
4. Erläutern Sie den Begriff der Partialinklusion in eigenen Worten! Welche Kritik geht damit einher?
5. Das Trilemma der Inklusion wird auch durch ein Dreieck dargestellt, an dessen Eckpunkten die Schlagworte Normalisierung, Empowerment und Dekonstruktion stehen. Suchen Sie das Gespräch mit anderen und finden Sie weitere Alltagsbeispiele/-situationen, welche das Trilemma verdeutlichen!

5 Literaturverzeichnis

Abels, S. (2015). Der Entwicklungsbedarf der Fachdidaktiken für einen inklusiven Unterricht in der Sekundarstufe. In G. Biewer, E. T. Böhm & S. Schütz (Hrsg.), *Inklusive Pädagogik in der Sekundarstufe* (S. 135–148). Stuttgart: Kohlhammer.

Altman, B. (2001). Disability Definitions, Models, Classification Schemes, and Applications. In G. L. Albrecht, D. Katherine & M. Bury (Hrsg.), *Handbook of Disability Studies* (S. 97–122). Thousand Oaks, London, New Delhi: SAGE.

Armstrong, T. (2010). *The Power of Neurodiversity: Unleashing the Advantages of Your Differently Wired Brain*. Cambridge: Da Capo Lifelong Books.

Bach, H. (1977). Geistigbehindertenpädagogik. In H. Bach (Hrsg.), *Sonderpädagogik im Grundriß* (S. 91–96). Berlin: Marhold.

Bach, H. (1979). *Pädagogik der Geistigbehinderten*. Handbuch der Sonderpädagogik (Bd. 5). Berlin: Marhold.

Barnes, C. & Mercer, G. (2003). *Disability*. Cambridge: Polity Press.

Bergeest, H., Boenisch, J. & Daut, V. (Hrsg.) (2015). *Körperbehindertenpädagogik. Grundlagen – Förderung – Inklusion* (5. Aufl.). Bad Heilbrunn: Julius Klinkhardt.

Bergelt, D., Goldbach, A. & Seidel, A. (2016). *Leichte Sprache im Arbeitsleben. Analyse der Nutzung von Texten in Leichter Sprache im beruflichen Kontext von Menschen mit Lernschwierigkeiten*. Impulse, Magazin der Bundesgemeinschaft für Unterstützte Beschäftigung, 78, 13–21.

Bernasconi, T. & Böing, U. (2015). *Pädagogik bei schwerer und mehrfacher Behinderung*. Stuttgart: Kohlhammer.

BGBl. Nr. 76/1985: Bundesgesetz über die Schulpflicht (Schulpflichtgesetz 1985). https://www.ris.bka.gv.at/GeltendeFassung.wxe?Abfrage=Bundesnormen&Gesetzesnummer=10009376. Zugriff am: 30. Januar 2019.

Bienstein, C. & Fröhlich, A. (2016, 2017). *Basale Stimulation® in der Pflege. Die Grundlagen*. Bern: Hogrefe.

Biewer, G. (1994). Montessori-Pädagogik in der Schule für geistig Behinderte. Der Entwurf einer praktischen Realisierung. *Geistige Behinderung, 33*(2), 1–19 (Praxisteil Heftmitte).

Biewer, G. (1997). *Montessori-Pädagogik mit geistig behinderten Schülern* (2. Aufl.). Bad Heilbrunn: Julius Klinkhardt.

5 Literaturverzeichnis

Biewer, G. (1998). Bildung gegen soziale Randständigkeit. Reflexionen zum 1. Todestag des brasilianischen Volkspädagogen Paulo Freire. *Die neue Sonderschule, 43*(3), 194–198.

Biewer, G. (2001). *Vom Integrationsmodell für Behinderte zur Schule für alle Kinder*. Neuwied, Berlin: Luchterhand.

Biewer, G. (2002). Konduktive Förderung und integratives Setting. *Gemeinsam leben – Zeitschrift für integrative Erziehung, 10*(1), 14–17.

Biewer, G. (2005). Montessori-Pädagogik als heilpädagogischer Ansatz bei Kindern mit körperlichen Beeinträchtigungen. In Bundesverband f. körper- u. mehrfachbehinderte Menschen (Hrsg.), *Kinder mit cerebralen Bewegungsstörungen. Förderung und Therapie zwischen Fremd- und Selbstbestimmung*. Düsseldorf: verlag selbstbestimmtes leben.

Biewer, G. & Schütz, S. (2016). Inklusion. In I. Hedderich, G. Biewer, J. Hollenweger & R. Markowetz (Hrsg.), *Handbuch Inklusion und Sonderpädagogik* (S. 123–127). Bad Heilbrunn: Julius Klinkhardt (UTB).

Biewer, G. (2017). *Grundlagen der Heilpädagogik und Inklusiven Pädagogik* (3. Aufl.). Bad Heilbrunn: Julius Klinkhardt (UTB).

Biewer, G. (2019). Professionsorientierung in der Entwicklung der Curricula Inklusive Pädagogik. In M.-L. Braunsteiner & C. Spiel (Hrsg.), *PädagogInnenbildung. Festschrift für Andreas Schnider* (S. 346–352). Heiligenkreuz: Be&Be-Verlag.

Biewer, G., Proyer, M. & Kremsner, G. (2019). *Inklusive Schule und Vielfalt*. Stuttgart: Kohlhammer.

Biewer, G. & Proyer, M. (2019). Sekundarstufenlehrkräfte mit Fluchthintergrund. Rückkehr in den Schulberuf. *Schulverwaltung aktuell – Fachzeitschrift für Schulentwicklung und Schulmanagement, 7*(3), 73–74.

Biewer, G., Koenig, O., Kremsner, G., Möhlen, L.-K., Proyer, M., Prummer, S., Resch, K., Steigmann, F. & Subasi Singh, S. (2020). *Evaluierung des Nationalen Aktionsplans Behinderung 2012-2020*. Wien: Bundesministerium für Soziales, Gesundheit, Pflege und Konsumentenschutz (BMSGPK). https://uscholar.univie.ac.at/detail/o:1126770.

Bittlingmayer, U. H. & Sahrai, D. (2017). Inklusion als Anti-Diskriminierungsstrategie. In A. Scherr, A. El-Mafaalani & G. Yüksel (Hrsg.), *Handbuch Diskriminierung. Springer Reference Sozialwissenschaften*. Wiesbaden: Springer. https://doi.org/10.1007/978-3-658-10976-9_41.

Bleidick, U. (1972). *Pädagogik der Behinderten*. Berlin: Marhold.

Boban, I. & Hinz, A. (2017). Inklusion zwischen Menschenrechten und Neoliberalismus – eine Problemskizze. In B. Lütje-Klose, M.-A. Boger, B. Hopmann & P. Neumann (Hrsg.), *Leistung inklusive? Inklusion in der Leistungsge-*

sellschaft (Menschenrechtliche, sozialtheoretische und professionsbezogene Perspektiven Bd. 1) (S. 39–47). Bad Heilbrunn: Julius Klinkhardt.

Bock, J. (2017). Inklusive Lernumgebungen am Gymnasium. In Fischer, C. et al. (Hrsg.), *Potenzialentwicklung. Begabungsförderung. Bildung der Vielfalt: Beiträge aus der Begabungsforschung* (S. 155–165). Münster, New York: Waxmann.

Boekaerts, M., Pintrich, P. R. & Zeidner, M. (Hrsg.). (2005). *Handbook of Self-Regulation*. San Diego: Academic Press.

Boenisch, J. (2017). Körperliche Behinderung. In K. Ziemen (Hrsg.), *Lexikon Inklusion* (S. 159–161). Göttingen: Vandenhoeck & Ruprecht.

Boger, M.-A. (2019). *Theorien der Inklusion. Die Theorie der trilemmatischen Inklusion zum Mitdenken*. Münster: Edition assemblage.

Boger, M.-A. (2019a). *Subjekte der Inklusion. Die Theorie der trilemmatischen Inklusion zum Mitfühlen*. Münster: Edition Assemblage.

Boger, M.-A. (2019b). *Politiken der Inklusion. Die Theorie der trilemmatischen Inklusion zum Mitdiskutieren*. Münster: Edition Assemblage.

Boger, M.-A. (2019c). *Theorien der Inklusion. Die Theorie der trilemmatischen Inklusion zum Mitdenken*. Münster: Edition Assemblage.

Boger, M.-A. (2019d). *Die Methode der sozialwissenschaftlichen Kartographierung. Eine Einladung zum Mitfühlen - Mitdiskutieren - Mitdenken*. Münster: Edition Assemblage. https://drive.google.com/file/d/1amhe2CErjDWokmjtt1cMYH nDYZyMD8K-/view. Zugriff am: 2. November 2019.

Booth, T. & Ainscow, M. (2017). *Index für Inklusion. Ein Leitfaden für Schulentwicklung* (2. Aufl.). Weinheim, Basel: Beltz.

Bosse, I., Schluchter, J. R. & Zorn, I. (Hrsg.). (2019). *Handbuch Inklusion und Medienbildung*. Weinheim, Basel: Beltz Juventa.

Buchner, T. (2018). *Die Subjekte der Integration. Schule, Biographie und Behinderung*. Bad Heilbrunn: Julius Klinkhardt.

Buchner, T., Schmoelz, A. & Schoissengeyer, L. (2018). *Inclusive Spaces 2.0: Critical spatial thinking und (Medien-)Performanzen. Medienimpulse*, 56(4). https://doi.org/10.21243/mi-04-18-06.

Bundesverband Lebenshilfe für geistig Behinderte (Hrsg.) (1996). *Selbstbestimmung. Kongreßbeiträge. Dokumentation des Kongresses »Ich weiß doch selbst, was ich will!« Menschen mit geistiger Behinderung auf dem Weg zu mehr Selbstbestimmung*. Marburg: Lebenshilfe.

Dirks, S. & Linke, H. (2019). Assistive Technologien. In I. Bosse, J. R. Schluchter & I. Zorn (Hrsg.), *Handbuch Inklusion und Medienbildung*. (S. 241–251). Weinheim, Basel: Beltz Juventa.

DiStA – Netzwerk Disability Studies Austria (2018). *Diskussionspapier: Behinderungsforschung*. https://dista.uniability.org/wp-content/uploads/2018/10/B

ehinderungsforschung-Diskussionstext-Version-02-10-2018.pdf. Zugriff am: 6. Februar 2019.

Dlugosch, A. (2016). Einwurf: Professionalisierung in der Sonderpädagogik. Koordinaten-systeme (sonder-)pädagogischer Professionalisierung. In S. Jennessen & R. Lelgemann (Hrsg.), *Körper – Behinderung – Pädagogik*. (S. 127–135). Stuttgart: Kohlhammer.

Duden (2016): Leichte Sprache. Theoretische Grundlagen. Orientierung für die Praxis. Berlin: Bibliographisches Institut GmbH.

Dworski, A. & Völz, C. (2016): Kritik ohne Expert_innen. Menschen mit Lernschwierigkeiten werden von der Debatte um Leichte Sprache ausgeschlossen. In *Impulse, Magazin der Bundesgemeinschaft für Unterstützte Beschäftigung*, Nr. 78, 6–12. http://bidok.uibk.ac.at/library/imp-78-dworski-voelz-kritik.html.

Eggli, U. (1977). *Herz im Korsett. Tagebuch einer Behinderten*. Gümligen: Zytglogge.

Ehrenstein, M. (2007). Ein Schulort für Matthias und Sebastian – Körperbehinderte Kinder mit besonderen Förderbedürfnissen in der Grundschule. In U. Haupt & M. Wieczorek (Hrsg.), *Brennpunkte der Körperbehindertenpädagogik* (S. 150–179). Stuttgart: Kohlhammer.

Ellger-Rüttgardt, S. (2019). *Geschichte der Sonderpädagogik. Eine Einführung* (2. Aufl.). München: Reinhardt.

Erdélyi, A. & Thümmel, I. (2019). Kommunikation II: Zum Stand der Implementation von Unterstützter Kommunikation in Schulen. In H. Schäfer (Hrsg.), *Handbuch Förderschwerpunkt geistige Entwicklung* (S. 423–432). Weinheim, Basel: Beltz.

Feuser, G. (2016). Zur endlosen Geschichte der Verweigerung uneingeschränkter Teilhabe an Bildung – durch die Geistigbehindert-Macher und Kolonisatoren. In: Fischer, E. & Markowetz, R. (Hrsg.): *Inklusion im Förderschwerpunkt geistige Entwicklung*. Stuttgart: Kohlhammer-Verlag, S. 31–73.

Feyerer, E. (2019). Kann Inklusion unter den Strukturen des segregativen Schulsystems in Österreich gelingen? In J. Donlic, E. Jaksche-Hoffman & H. K. Peterlini (Hrsg.), *Ist inklusive Schule möglich?* (S. 61–67). Bielefeld: transcript. https://doi-org.uaccess.univie.ac.at/10.14361/9783839443125-004.

Flieger, P. & Müller, C. (Hrsg.). (2016). *Basale Lernbedürfnisse im inklusiven Unterricht. Ein Praxisbericht aus der Grundschule*. Bad Heilbrunn: Julius Klinkhardt.

Fornefeld, B. (Hrsg.). (2008). *Menschen mit Komplexer Behinderung. Selbstverständnis und Aufgaben der Behindertenpädagogik*. München: Reinhardt.

Foucault, M. (1981). *Archäologie des Wissens*. Frankfurt a. M.: Suhrkamp.

Freire, P. (1972). *Cultural action for freedom*. Middlesex, Baltimore, Ringwood: Penguin Books.

5 Literaturverzeichnis

Freire, P. (1973). *Pädagogik der Unterdrückten. Bildung als Praxis der Freiheit*. Reinbek: Rowohlt.

Fröhlich, A. (1991). *Pädagogik bei schwerster Behinderung. Handbuch der Sonderpädagogik* (Bd. 12). Berlin: Marhold.

Frohn, J. (2021). Troubled schools in troubled times: How COVID-19 affects educational inequalities and what measures can be taken. *European Educational Research Journal*. https://doi.org/10.1177/14749041211020974.

Galkiené, A. & Monkevičienė, O. (Hrsg.). (2021). *Improving Inclusive Education through Universal Design for Learning*. Cham: Springer.

Giroux, H. A. (2013). *On critical pedagogy*. New York, London: Bloomsbury Academic.

Goodley, D. (2014). *Dis/ability Studies. Theorising Disablism and Ableism*. London, New York: Routledge.

Göthling, S. & Schirbort, K. (2011). People First – eine Empowermentbewegung von Menschen mit Lernschwierigkeiten. Ein Blick zurück und einer nach vorne. In W. Kulig, K. Schibort & M. Schubert (Hrsg.), *Empowerment behinderter Menschen. Theorien, Konzepte, Best-Practice* (S. 57–65). Stuttgart: Kohlhammer.

Götz, T. & Nett, U. (2017). Selbstreguliertes Lernen. In T. Götz (Hrsg.), *Emotion, Motivation und selbstreguliertes Lernen* (2. Aufl.) (S. 143–184). Paderborn: Schöningh (UTB).

Grace, J. (2019). *Multiple Multisensory Rooms: Myth Busting the Magic* (1. Aufl). Abingdon, New York: Routledge.

Graf, E. O., Renggli, C. & Weisser, J. (2011). *PULS – DruckSache aus der Behindertenbewegung. Materialien für die Wiederaneignung einer Geschichte*. Zürich: Chronos.

Greenstein, A. (2016). *Radical Inclusive Education. Disability, teaching and struggles for liberation*. London: Routledge.

Gstach, J. (2016). Die Entstehung der Heilpädagogik. In I. Hedderich, G. Biewer, J. Hollenweger & R. Markowetz (Hrsg.), *Handbuch Inklusion und Sonderpädagogik* (S. 27–32). Bad Heilbrunn: Julius Klinkhardt (UTB).

Hänsel, D. (1974). *Die physiologische Erziehung der Schwachsinnigen (Édouard Séguin 1812–1880)*. Freiburg i. Breisgau: Hans Ferdinand Schulz.

Hanselmann, H. (1966). *Einführung in die Heilpädagogik* (7. Aufl.). Zürich, Stuttgart: Rotapfel.

Haupt, U. (1983). *Pädagogik der Körperbehinderten. Handbuch der Sonderpädagogik* (Bd. 8). Berlin: Marhold.

Hedderich, I. (2000). Kinder mit schwersten cerebralen Bewegungsstörungen. In K. Kallenbach (Hrsg.), *Körperbehinderungen. Schädigungsaspekte, psychoso-*

5 Literaturverzeichnis

ziale Auswirkungen und pädagogisch-rehabilitative Maßnahmen (S. 131–151). Bad Heilbrunn: Julius Klinkhardt.

Hedderich, I. (2006). *Einführung in die Körperbehindertenpädagogik* (2. Aufl.). München, Basel: Reinhardt (UTB).

Hedderich, I., Biewer, G., Hollenweger, J. & Markowetz, R. (Hrsg.). (2016). *Handbuch Inklusion und Sonderpädagogik*. Bad Heilbrunn: Julius Klinkhardt (UTB).

Heimlich, U. (2016). Integration. In I. Hedderich, G. Biewer, J. Hollenweger & R. Markowetz (Hrsg.), *Handbuch Inklusion und Sonderpädagogik* (S. 118–122). Bad Heilbrunn: Julius Klinkhardt (UTB).

Hellbrügge, T. (1984). *Unser Montessori-Modell. Erfahrungen mit einem neuen Kindergarten und einer neuen Schule*. Frankfurt a. M.: Fischer.

Hinz, A. & Boban, I. (2019). ›Kritisches Lernen‹ – eine inklusive und demokratische Art, mit Paulo Freire ›die Welt zu lesen‹. *Zeitschrift für Inklusion*, 3. https://www.inklusion-online.net/index.php/inklusion-online/article/view/524.

Hirschberg, M. (2009). *Behinderung im internationalen Diskurs. Die flexible Klassifizierung der Weltgesundheitsorganisation*. Frankfurt a. M.: Campus.

IBN (Initiativgruppe Behinderte-Nichtbehinderte Innsbruck) (1983). Unterschriftenaktion zur Abschaffung von Sonderschulen und Sonderkindergärten in Österreich. http://bidok.uibk.ac.at/projekte/behindertenbewegung/docs/ibn-unterschriftenaktion-sonderschulen.pdf.

Jäger, M. (2008). Diskursanalyse: Ein Verfahren zur kritischen Rekonstruktion von Machtbeziehungen. In R. Becker & B. Kortendiek (Hrsg.), *Handbuch Frauen- und Geschlechterforschung*. Wiesbaden: Springer.

Jantzen, W. (1998). Zur Neubewertung des Down-Syndroms. *Geistige Behinderung, 38*(3), 224–238.

Jennessen, S. & Lelgemann, R. (Hrsg.). (2016). *Körper – Behinderung – Pädagogik*. Stuttgart: Kohlhammer.

Jennessen, S. (2016). Ethik und Körperbehindertenpädagogik. In S. Jennessen & R. Lelgemann (Hrsg.), *Körper Behinderung Pädagogik* (S. 95–111). Stuttgart: Kohlhammer.

Kallenbach, K. (2006). Infantile Cerebralparese (ICP) – frühkindliche cerebrale Bewegungsstörung. In K. Kallenbach (Hrsg.), *Körperbehinderungen. Schädigungsaspekte, psychosoziale Auswirkungen und pädagogisch-rehabilitative Maßnahmen* (S. 53–83). Bad Heilbrunn: Julius Klinkhardt.

Kegler, U. & Prengel, A. (2003). *Die Montessori-Gesamtschule in Potsdam. Weiterentwicklung eines Reformkonzeptes*. Bad Heilbrunn: Julius Klinkhardt.

Klafki, W. (2007). *Neue Studien zur Bildungstheorie und Didaktik. Zeitgemäße Allgemeinbildung und kritisch-konstruktive Didaktik* (6. Aufl.). Weinheim: Beltz.

5 Literaturverzeichnis

Klauß, T. (2014). Gute Pflege für Menschen mit schwerer und schwerster Behinderung. In A. Fröhlich, N. Heinen, T. Klauss & W. Lamers (Hrsg.), *Schwere und mehrfache Behinderung – interdisziplinär* (Bd. 1). Oberhausen: Athena-Verlag.

Klee, E. (1976). *Behinderten-Report 2 – »Wir lassen uns nicht abschieben«.* Frankfurt a. M.: Fischer.

Klee, E. (Hrsg.). (2001). *Dokumente zur »Euthanasie«* (5. Aufl.). Frankfurt a. M.: Fischer.

Klicpera, C. & Innerhofer, P. (2002). *Die Welt des frühkindlichen Autismus* (3. Aufl.). München, Basel: Reinhardt.

Klieme, E. & Warwas, J. (2011). Konzepte der Individuellen Förderung. *Zeitschrift für Pädagogik 57*(6), 805–818.

Klippert, H. (2010, 2016). *Heterogenität im Klassenzimmer. Wie Lehrkräfte effektiv und zeitsparend damit umgehen können.* Weinheim, Basel: Beltz.

KMK. (2000a). Die Empfehlungen zur sonderpädagogischen Förderung in den Ländern der Bundesrepublik Deutschland (1994). In W. Drave, F. Rumpler & P. Wachtel (Hrsg.), *Empfehlungen zur sonderpädagogischen Förderung. Allgemeine Grundlagen und Förderschwerpunkte (KMK)* (S. 25–39). Würzburg: Edition Bentheim.

KMK. (2000b). Empfehlungen zu Erziehung und Bildung von Kindern und Jugendlichen mit autistischem Verhalten (2000). In W. Drave, F. Rumpler & P. Wachtel (Hrsg.), *Empfehlungen zur sonderpädagogischen Förderung. Allgemeine Grundlagen und Förderschwerpunkte (KMK)* (S. 383–394). Würzburg: Edition Bentheim.

KMK. (2000c). Empfehlungen zum Förderschwerpunkt geistige Entwicklung (1998). In W. Drave, F. Rumpler & P. Wachtel (Hrsg.), *Empfehlungen zur sonderpädagogischen Förderung. Allgemeine Grundlagen und Förderschwerpunkte (KMK)* (S. 265–282). Würzburg: Edition Bentheim.

KMK. (2000d). Empfehlungen zum Förderschwerpunkt körperliche und motorische Entwicklung (1998). In W. Drave, F. Rumpler & P. Wachtel (Hrsg.), *Empfehlungen zur sonderpädagogischen Förderung. Allgemeine Grundlagen und Förderschwerpunkte (KMK)* (S. 97–117). Würzburg: Edition Bentheim.

KMK. (2011). *Inklusive Bildung von Kindern und Jugendlichen mit Behinderungen in Schulen (Beschluss der Kultusministerkonferenz vom 20.10.2011).* Bonn: KMK. https://www.kmk.org/fileadmin/Dateien/veroeffentlichungen_beschluesse/2011/2011_10_20-Inklusive-Bildung.pdf. Zugriff am: 18. September 2021.

Köbsell, S. (2012). *Wegweiser Behindertenbewegung. Neues (Selbst-)Verständnis von Behinderung.* Neu-Ulm: AG SPAK.

Kraepelin, E. (1916). *Einführung in die Psychiatrische Klinik* (3. Aufl.). Leipzig: Johann Ambrosius Barth.

5 Literaturverzeichnis

Kramer, R. (1983). *Maria Montessori. Leben und Werk einer großen Frau*. Frankfurt a. M.: Fischer.

Kremsner, G. (2017). *Vom Einschluss der Ausgeschlossenen zum Ausschluss der Eingeschlossenen. Biographische Erfahrungen von so genannten Menschen mit Lernschwierigkeiten*. Bad Heilbrunn: Julius Klinkhardt.

Kricke, M., Reich, K., Schanz, L. & Schneider, J. (2018). *Raum und Inklusion: Neue Konzepte im Schulbau*. Weinheim: Beltz.

Lage, D. (2016): Unterstützte Kommunikation. In: I. Hedderich, G. Biewer, J. Hollenweger & R. Markowetz (Hrsg.): *Handbuch Inklusion und Sonderpädagogik*. Bad Heilbrunn: Verlag Julius Klinkhardt, S. 375–379.

Lelgemann, R. (2010). *Körperbehindertenpädagogik – Didaktik und Unterricht*. Stuttgart: Kohlhammer.

Lelgemann, R., Singer, P., Walter-Klose, C. & Lübbeke, J. (2013). Qualitätsbedingungen schulischer Inklusion für Kinder und Jugendliche mit dem Förderschwerpunkt Körperliche und motorische Entwicklung. *Zeitschrift Für Inklusion*, (4). https://www.inklusion-online.net/index.php/inklusion-online/article/view/35. Zugriff am: 2. November 2019.

Lelgemann, R. (2014). Strukturen und Beteiligungsformen für eine inklusive Schulentwicklung. In B. Kochanek (Hrsg), *Organisatorische, prozedurale und finanzielle Herausforderungen beim Aufbau eines inklusiven Schulsystems. Inklusion im deutschen Schulsystem: Barrieren und Lösungswege* (Sozialhilfe und Sozialpolitik) (S. 11, 117–128). Berlin: Deutscher Verein e. V.

Lelgemann, R. (2015). Körperbehindertenpädagogik – Exklusives Bildungsangebot in inklusiven Zeiten – Gedanken zu Geschichte, Gegenwart und nahen Zukunft. In R. Lelgemann, P. Singer & C. Walter-Klose (Hrsg.), *Inklusion im Förderschwerpunkt körperliche und motorische Entwicklung* (S. 21–37). Stuttgart: Kohlhammer.

Lelgemann, R., Singer, P. & Walter-Klose, C. (Hrsg.). (2015). *Inklusion im Förderschwerpunkt körperliche und motorische Entwicklung*. Stuttgart: Kohlhammer.

Leyendecker, C. (2005). *Motorische Behinderungen – Grundlagen, Zusammenhänge und Förderungmöglichkeiten*. Stuttgart: Kohlhammer.

Luder, R., Kunz, A. & Bösch, C. M. (Hrsg.). (2014). *Inklusive Pädagogik und Didaktik*. Zürich: Publikationsstelle der PH Zürich.

Maaß, C. & Schäfer, H. (2019). Kommunikation III: Leichte Sprache. In H. Schäfer (Hrsg.), *Handbuch Förderschwerpunkt geistige Entwicklung* (S. 433–444). Weinheim, Basel: Beltz.

Malson, L., Itard, J. M. G. & Mannoni, O. (1990). *Die wilden Kinder* (9. Aufl.). Frankfurt a. M.: Suhrkamp.

Markowetz, R. (2019). Inklusion im Förderschwerpunkt geistige Entwicklung – Inklusive Bildung als inklusiver und exklusiver Unterricht. In H. Schäfer (Hrsg.), *Handbuch Förderschwerpunkt geistige Entwicklung* (S. 209–233). Weinheim, Basel: Beltz.

Mattner, D. (2000). *Behinderte Menschen in der Gesellschaft. Zwischen Ausgrenzung und Integration.* Stuttgart, Berlin, Köln: Kohlhammer.

McRuer, R. (2006). *Crip Theory. Cultural Signs of Queerness and Disability.* New York: New York University Press.

Merten, Klaus (1977): Kommunikation. Eine Begriffs- und Prozeßanalyse. Wiesbaden: Springer.

Meyer, A.-H. (2004). *Kodieren mit der ICF: Klassifizieren oder Abklassifizieren?* Heidelberg: Winter.

Mitchell, D. (2008). *What Really Works in Special and Inclusive Education: Using evidence-based teaching strategies.* London, New York: Routledge.

Mittendrin e. V. (Hrsg.). (2012). *Eine Schule für alle. Inklusion umsetzen in der Sekundarstufe.* Mühlheim: Verlag an der Ruhr.

Möckel, A. (2007). *Geschichte der Heilpädagogik* (2. Aufl.). Stuttgart: Klett-Cotta.

Mohr, L., Zündel, M. & Fröhlich, A. (2019). *Basale Stimulation®: das Handbuch* (1. Aufl.). Bern: Hogrefe.

Moser Opitz, E. (2014). Inklusive Didaktik im Spannungsfeld von gemeinsamen Lernen und effektiver Förderung. Ein Forschungsüberblick und eine Analyse von didaktischen Konzeptionen für inklusiven Unterricht. In K.-H. Arnold et al. (Hrsg.). *Jahrbuch für Allgemeine Didaktik.* (S. 52–68). Baltmannsweiler: Schneider Verlag Hohengehren.

Musenberg, O. (2016). Geistige Entwicklung. In I. Hedderich, G. Biewer, J. Hollenweger & R. Markowetz (Hrsg.), *Handbuch Inklusion und Sonderpädagogik* (S. 213–218). Bad Heilbrunn: Julius Klinkhardt (UTB).

Nett, U. E. & Götz, T. (2019). Selbstreguliertes Lernen. In D. Urhahne, F. Fischer & M. Dresel (Hrsg.), *Psychologie für den Lehrberuf* (S. 68–84). Berlin, Heidelberg: Springer.

Neuhäuser, G. (2003). Klinische Syndrome. In G. Neuhäuser & H.-C. Steinhausen (Hrsg.), *Geistige Behinderung. Grundlagen, klinische Syndrome, Behandlung und Rehabilitation* (S. 107–211). Stuttgart: Kohlhammer.

Norwich, B. (2008). *Dilemmas of difference, inclusion and disability.* London, New York: Routledge.

Nußbeck, S. (2008). Der Personenkreis der Menschen mit geistiger Behinderung. In S. Nußbeck, A. Biermann & H. Adam (Hrsg.), *Sonderpädagogik der geistigen Entwicklung* (S. 5–17). Göttingen, Bern, Wien, Paris: Hogrefe.

Ortmann, M. (2000). Duchenne Muskeldystrophie. In K. Kallenbach (Hrsg.), *Körperbehinderungen. Schädigungsaspekte, psychosoziale Auswirkungen und päd-*

5 Literaturverzeichnis

agogisch-rehabilitative Maßnahmen (S. 247–271). Bad Heilbrunn: Julius Klinkhardt.

Pfahl, L. (2011). *Techniken der Behinderung.* Bielefeld: transcript.

Plangger, S. (2016): Leichte Sprache. Zur wissenschaftlichen Diskussion eines Konzeptes. http://bidok.uibk.ac.at/library/plangger-leichtesprache.html. Zugriff am: 20. August 2019.

Rabenstein, K. & Gerlach, J. M. (2016). Sich entscheiden als praktisches Tun. Methodologische Überlegungen einer praxistheoretischen Erforschung der Elternwahl zur inklusiven Schule. *ZQF-Zeitschrift für Qualitative Forschung, 17* (1 & 2), 27–28.

Rapp, W. H. (2014). *Universal design for learning in action: 100 ways to teach all learners.* Baltimore, Maryland: Brookes.

Ratz, C. & Schneider, K.-H. (Hrsg.) (1998). *Materialgeleitetes Lernen an der Schule zur individuellen Lebensbewältigung.* Würzburg: edition von freisleben.

Rauh, H. (1991). Entwicklungsverläufe bei Kleinkindern mit Down-Syndrom. *Geistige Behinderung, 31*(3), 206–221.

Reich, K. (Hrsg.). (2017). *Inklusive Didaktik in der Praxis: Beispiele erfolgreicher Schulen.* Weinheim, Basel: Beltz.

Rieger, J. & Musenberg, O. (Hrsg.) (2015). *Inklusiver Fachunterricht in der Sekundarstufe.* Stuttgart: Kohlhammer.

Rose, D. H., Gravel, J. W. & Gordon, D. (2014). Universal Design for Learning: An Introduction. In L. Florian (Hrsg.), *The SAGE Handbook of Special Education* (Bd. 2) (S. 475–489). Los Angeles, London, New Delhi, Singapore. Washington D. C.: SAGE.

Sanches-Ferreira, M., Simeonsson, R. J., Silveira-Maia, M. & Alves, S. (2014). Evaluating implementation of the International Classification of Functioning, Disability and Health in Portugal's special education law. *International Journal of Inclusive Education, 19*(12). doi:10.1080/13603116.2014.940067.

Sansour, T., Musenberg, O. & Riegert, J. (Hrsg.) (2018): *Bildung und Leistung. Differenz zwischen Selektion und Anerkennung.* Bad Heilbrunn: Verlag Julius Klinkhardt.

Schalock, R. L., Borthwick-Duffy, S. A., Bradley, V. J., Buntinx, W. H. E., Coulter, D. L., Craig, E. M. & Wehmeyer, M. L. (2010). *Intellectual Disability: Definition, Classification, and Systems of Supports* (11. Aufl.). Washington D. C.: AAIDD.

Schlichting, H. (2019). Schwerste Behinderung V: Pflege. In H. Schäfer (Hrsg.), *Handbuch Förderschwerpunkt geistige Entwicklung. Grundlagen. Spezifika. Fachorientierung. Lernfelder* (S. 353–359). Weinheim: Beltz.

Schlüter, M. (2007). Wissenschaftlicher Fortschritt und das Lebensrecht körperbehinderter Menschen. In U. Haupt & M. Wieczorek (Hrsg.), *Brennpunkte der Körperbehindertenpädagogik* (S. 15–31). Stuttgart: Kohlhammer.

Schlüter, M. (2013). *Pflege an der Förderschule mit dem Förderschwerpunkt körperliche und motorische Entwicklung: Eine Analyse der aktuellen Situation anhand von 38 Interviews mit Pädagogen und Pädagoginnen. Empirische Sonderpädagogik, 2*, 187–198.

Schönberger, F. (1974). Körperbehinderte. In D. Bildungsrat (Hrsg.), *Verhaltensgestörte, Sprachbehinderte, Körperbehinderte. Sonderpädagogik. Gutachten und Studien der Bildungskommission* (Bd. 4). Stuttgart: Klett.

Schönwiese, V. & Forster, R. (1982). *Behindertenalltag. Wie man behindert wird.* Wien, München: Jugend & Volk Verlag. http://bidok.uibk.ac.at/library/forster-behindertenalltag.html. Zugriff am: 6. Februar 2019.

Schönwiese, V. (2016). Behindertenbewegungen. In I. Hedderich, G. Biewer, J. Hollenweger & R. Markowetz (Hrsg.), *Handbuch Inklusion und Sonderpädagogik* (S. 44–48). Bad Heilbrunn: Julius Klinkhardt.

Schönwiese, V., Plangger, S., Kremsner, G., Emberger, B. & Riegler, C. (o. J.). *Einleitungstext zum Archiv der Geschichte der Behindertenbewegung – SELBSTBESTIMMT LEBEN BEWEGUNG in Österreich.* http://bidok.uibk.ac.at/projekte/behindertenbewegung/geschichte.html. Zugriff am: 6. Februar 2019.

Scholz, M. (2007). *Integration und Inklusion – zwischen theoretischem Anspruch und Realität.* http://bidok.uibk.ac.at/library/scholz-integration.html. Zugriff am: 28. Mai 2021.

Schuppener, S., Schlichting, H., Goldbach, A. & Hauser, M. (2021). *Pädagogik bei zugeschriebener geistiger Behinderung.* Stuttgart: Kohlhammer.

Shakespeare, T. (2014). *Disability Rights and Wrongs Revisited.* (2. Aufl.). London & New York: Routledge.

Séguin, É. (1846). *Traitement morale, hygiène et éducation des idiots et des autres arriérés.* Paris: Baillière.

Seguin, E. (1912). *Die Idiotie und ihre Behandlung nach physiologischer Methode.* Wien: Graeser.

Seifert, R. (2000). Anfallskrankheiten im Kindes- und Jugendalter und ihre Auswirkungen auf die Lebensqualität. In K. Kallenbach (Hrsg.), *Körperbehinderungen. Schädigungsaspekte, psychosoziale Auswirkungen und pädagogisch-rehabilitative Maßnahmen* (S. 103–128). Bad Heilbrunn: Julius Klinkhardt.

Senatsverwaltung für Bildung, Jugend und Familie (Hrsg.). (2021). *Inklusive Schwerpunktschule.* Broschüre der Senatsverwaltung für Bildung, Jugend und Familie. Berlin: Eigendruck.

Sierck, U. (1987). Mißachtet – Ausgesondert – Vernichtet. Zur Geschichte der Krüppel. In M. Wunder & U. Sierck (Hrsg.), *Sie nennen es Fürsorge: Behinderte zwischen Vernichtung und Widerstand.* Frankfurt a. M.: Mabuse-Verlag. http://bidok.uibk.ac.at/library/mabuse_sierck-krueppel.html. Zugriff am: 13. August 2018.

Stöppler, R. & Wachsmuth, S. (2010). *Förderschwerpunkt Geistige Entwicklung: Eine Einführung in didaktische Handlungsfelder*. Paderborn: Schöningh (UTB).

Strachota, A. (2006). *Zwischen Hoffen und Bangen. Frauen und Männer berichten über ihre Erfahrungen mit pränataler Diagnostik.* Frankfurt a. M.: Mabuse-Verlag.

Strachota, A. (2009). Vielfalt und die Bedeutung von Anerkennung. In A. Strachota, G. Biewer & W. Datler (Hrsg.), *Heilpädagogik: Pädagogik bei Vielfalt. Prävention. Interaktion. Rehabilitation* (S. 9–19). Bad Heilbrunn: Julius Klinkhardt.

Sturm, T. (2015). Inklusion: Kritik und Herausforderung des schulischen Leistungsprinzips. *Erziehungswissenschaft, 26*(51), 25–32. urn:nbn:de:0111-pedocs-115680.

Terfloth, K. & Bauersfeld, S. (2015). *Schüler mit geistiger Behinderung unterrichten: Didaktik für Förder- und Regelschule.* Stuttgart: UTB.

Terzi, L. (Hrsg.). (2010): *Special Educational Needs. A New Look.* London, New York: Continuum Books.

Theunissen, G. (2013). *Empowerment und Inklusion behinderter Menschen. Eine Einführung in Heilpädagogik und Soziale Arbeit* (3. Aufl.). Freiburg: Lambertus-Verlag.

Theunissen, G. (Hrsg.). (2016). *Autismus verstehen. Außen- und Innensichten.* Stuttgart: Kohlhammer.

Theunissen, G. & Sagrauske, M. (2019). *Pädagogik bei Autismus. Eine Einführung.* Stuttgart: Kohlhammer.

Thomas, C. (2004). How is disability understood? An examination of sociological approaches. *Disability & Society, 19*(5), 569–583.

Thümmel, I. (2003). *Sozial- und Ideengeschichte der Schule für Geistigbehinderte im 20. Jahrhundert. Zentrale Entwicklungslinien zwischen Ausgrenzung und Partizipation.* Weinheim, Basel, Berlin: Beltz.

UPIAS – Union of the Physically Impaired against Segregation (1975). *Fundamental Principles of Disability.* http://disability-studies.leeds.ac.uk/files/library/UPIAS-fundamental-principles.pdf. Zugriff am: 24. Februar 2016.

UN-BRK BGBl. 105/2016 (2016). Bundesgesetzblatt für die Republik Österreich, Jahrgang 2016, ausgegeben am 15. Juni 2016, Teil III. 105. Kundmachung: Korrektur der deutschsprachigen Übersetzung des Übereinkommens über die Rechte von Menschen mit Behinderungen sowie des Fakultativprotokolls zum Übereinkommen über die Rechte von Menschen mit Behinderungen. Bundesgesetzblatt für die Republik Österreich III, 105/2016. https://www.ris.bka.gv.at/GeltendeFassung.wxe?Abfrage=Bundesnormen&Gesetzesnummer=20006062. Zugriff am: 18. September 2021.

UNESCO. (2005). *Guidelines for inclusion. Ensuring access to education for all.* Paris: UNESCO.

UNESCO. (2009). *Policy guidelines on inclusion in education.* Paris: UNESCO.
UNESCO. (2015). *Incheon declaration and framework for action for the implementation of sustainable development goal 4.* Paris: UNESCO.
von Stechow, E. (2016). Sonderpädagogik als Pädagogik für besondere Schulen. In I. Hedderich, G. Biewer, J. Hollenweger & R. Markowetz (Hrsg.), *Handbuch Inklusion und Sonderpädagogik* (S. 32–36). Bad Heilbrunn: Julius Klinkhardt (UTB).
Wagener, B. (2020). *Leistung, Differenz und Inklusion.* Wiesbaden: Springer.
Walter-Klose, C. (2015): Empirische Befunde zum gemeinsamen Lernen und ihre Bedeutung für die Schulentwicklung. In: R. Lelgemann, P. Singer & C. Walter-Klose (Hrsg.): *Inklusion im Förderschwerpunkt körperliche und motorische Entwicklung* (S. 111–148). Stuttgart: Kohlhammer.
WHO. (1980). *International Classification of Impairments, Disabilities and Handicaps. A manual of classification relating to the consequences of disease.* Genf: WHO.
WHO. (2005). *ICF – Internationale Klassifikation der Funktionsfähigkeit, Behinderung und Gesundheit.* Genf, Neu-Isenburg: WHO DIMDI.
WHO. (2011). *ICF-CY. Internationale Klassifikation der Funktionsfähigkeit, Behinderung und Gesundheit bei Kindern und Jugendlichen.* Bern
WHO. (2018). *ICD-11 for mortality and morbidity statistics.* https://icd.who.int/browse11/l-m/en. Zugriff am: 18. September 2021.
WHO & DIMDI (2019). *ICD 10 - Internationale statistische Klassifikation der Krankheiten und verwandter Gesundheitsprobleme* (Aktualisierung 2019). https://www.dimdi.de/dynamic/de/klassifikationen/icd/icd-10-who/. Zugriff am: 26. Juli 2021.
WIBS (2013): *Leichte Sprache.* http://bidok.uibk.ac.at/library/wibs-leichtesprache-l.html. Zugriff am: 20. August 2019.
Wieczorek, M. (2007). Zur aktuellen schulischen Situation von Kindern mit schwerster Behinderung. In U. Haupt & M. Wieczorek (Hrsg.), *Brennpunkte der Körperbehindertenpädagogik* (S. 11). Stuttgart: Kohlhammer.
Wilken, U. (1983). Körperbehindertenpädagogik. In S. Solarová & G. Dupuis (Hrsg.), *Geschichte der Sonderpädagogik* (S. 212–259). Stuttgart: Kohlhammer.
Wocken, H. (2011). *Das Haus der inklusiven Schule* (2. Aufl.). Hamburg: Feldhaus.
Wunder, M. & Sierck, U. (1981). *Sie nennen es Fürsorge. Behinderte zwischen Vernichtung und Widerstand.* Frankfurt a. M.: Mabuse-Verlag.
Zimpel, A. (2017). Geistige Behinderung. In K. Ziemen (Hrsg.), *Lexikon Inklusion* (S. 84–86). Göttingen: Vandenhoeck & Ruprecht.
Zirfas, J. (1998). Die Normativität des Humanen. Zur Theorie der Behinderung aus der Sicht von pädagogischer Anthropologie und Ethik. In H. Eberwein & A. Sasse (Hrsg.), *Behindert sein oder behindert werden* (S. 96–119). Neuwied: Luchterhand.